성공하는 사람은 생각부터 다르게 한다

생각이 달라지면 인생도 달라진다

성공하는 사람은 생각부터 다르게 한다

이성복 지음

다온길

프롤로그

생각이 어떻게 인생을 바꿀까?

몇 년 전, 나는 일상에 치여 지치고 방향을 잃은 채 살아가고 있었다. 매일 반복되는 일상과 직장 생활에서 오는 스트레스로 인해 무기력해져만 갔다. 그러던 어느 날, 우연히 한 자기 계발 강연을 듣게 되었다. 강연자는 "생각이 인생을 바꾼다"라는 주제로 이야기를 시작했다.

그날 이후, 나는 작은 변화를 시도하기로 마음먹었다. 아침에 일어나자마자 거울을 보며 스스로에게 긍정적인 말을 건네기 시작했다. 처음에는 어색했지만, "오늘은 좋은 일이 생길 거야", "나는 할 수 있어"라는 간단한 말들이 내 하루를 조금씩 바꾸기 시작했다.

내 삶에서 가장 먼저 변화한 것은 아침 루틴이었다. 매일 아침 10분간 명상을 하고, 긍정적인 문장을 되뇌며 하루를 시작했다. 이러한 작은 습관이 하루 전체에 긍정적인 영향을 미쳤다. 출근길의 교통체증도 예전처럼 스트레스로 다가오지 않았고, 직장에서의 작은 문제들도 더 쉽게 해결할 수 있게 되었다.

업무에서도 변화를 느낄 수 있었다. 예전에는 새로운 프로젝트나 과제를 주면, 부담부터 느꼈지만, 이제는 "이것은 내게 성장의 기회야"라고 생각하게 되었다. 이러한 긍정적인 태도 변화는 실제로 내 성과를 향상하는 결과로 이어졌다. 상사와 동료들도 내 변화를 알아보기 시작했고, 나는 팀 내에서 더 중요한 역할을 맡게 되었다.

토머스 에디슨은 수많은 실패를 경험했지만, 그의 긍정적인 사고방식이 그를 위대한 발명가로 만들어주었다. 그는 "나는 실패한 적이 없다. 나는 단지 잘못된 방법 1만 가지를 발견한 것이다"라고 말하며, 실패를 긍정적으로 받아들였다. 에디슨의 이러한 태도는 그가 끊임없이 도전하고, 결국 성공을 거두는 원동력이 되었다.

긍정적인 생각은 대인 관계에도 큰 변화를 불러왔다. 예전에는 사람들과의 갈등을 피하고자 노력했지만, 이제는 적극적으로 소통하고 문제를 해결하려고 했다. 이는 친구 관계뿐만 아니라 가족 관계에서도 큰 변화를 불러왔다. 특히, 부모님과의 대화가 더욱 깊고 의미 있게 변했다. 긍정적인 생각이 서로에 대한 이해와 배려로 이어진 것이다.

이러한 작은 변화들이 모여 내 인생을 크게 바꾸어 놓았다. 긍정적인 생각이 일상에서 어떻게 큰 영향을 미칠 수 있는지 깨닫게 되었다. 이 책에서는 생각하는 힘이 어떻게 우리의 삶을 바꿀 수 있는지에 대해 이야기하고자 한다. 우리의 생각이 우리의 미래를 만든다는 믿음을 가지고, 작은 변화부터 시작해 보자.

이 책이 여러분의 삶에도 긍정적인 변화를 가져다주기를 진심으로 바란다.

이성복

차례

프롤로그 _ 생각이 어떻게 인생을 바꿀까? · 4

 성공하는 사람들의 생각법은 다르다

긍정적으로 생각하면 어떤 변화가 생길까? · 13

실패를 어떻게 성공의 발판으로 삼을까? · 18

목표는 어떻게 세우고 달성할까? · 23

창의적인 생각으로 벽을 넘다 · 27

문제를 다른 시각으로 바라보기 · 32

두려움을 극복해라 · 37

집중력을 높여라 · 41

2장 성공을 부르는 마인드셋 훈련은 이렇게 하라

자신감을 쌓는 작은 습관들 · 49

시간을 잘 쓰는 사람들의 비결은 무엇일까? · 54

마음의 근육을 단련하는 습관들 · 59

동기부여를 지속하는 방법 · 64

스트레스를 다스리는 법 · 69

멀티태스킹, 어떻게 해야 할까? · 74

작은 성취를 즐겨라 · 79

3장 성공하는 사람들의 습관은 특별하다

일상 속 작은 습관이 큰 변화를 만든다 · 87

스트레스를 효과적으로 관리하는 방법 · 93

사람들과 잘 지내는 방법 · 97

끊임없이 배우고 성장하는 방법 · 103

생산성을 높이는 데 필요한 습관 · 108

꾸준히 목표를 성취하는 방법 · 114

창의성을 키우는 방법 · 120

4장 성공 이야기에서 배운다

유명 기업가들의 숨겨진 성공 비결 · 129

리더들이 들려주는 성공 스토리 · 137

실패에서 얻은 값진 교훈 · 141

창의적인 사람들의 특별한 생각법 · 147

스타트업 창업자들의 생생한 도전기 · 156

예술가들의 독창적인 성공 이야기 · 162

사회적 기업가들의 감동적인 성공 사례 · 167

5장 성공을 위한 실전 전략은 이렇게 세운다

목표를 이루기 위한 구체적인 계획 세우기 · 173

문제 해결을 위한 다양한 접근법 · 179

자원을 효율적으로 관리하고 팀워크 발휘하기 · 186

꾸준한 성장을 위한 현실적인 전략 · 192

효과적으로 소통하고 갈등 해결하기 · 196

리스크를 현명하게 관리하고 대응하기 · 200

성과를 측정하고 평가하기 · 204

6장 미래를 준비하는 사람들의 비결

디지털 시대에 성공하는 비결 · 211

글로벌 시대의 마인드셋을 가져라 · 216

변화에 적응하고 혁신해라 · 220

지속 가능한 성공을 위한 비전을 세워라 · 225

인공지능과 인간은 어떻게 공존할까? · 229

빠르게 변하는 기술 변화에 대응해라 · 234

1장

성공하는 사람들의
생각법은 다르다

성공하는 사람들이 어떻게 다르게 생각하고 행동하는지를 설명한다. 긍정적인 사고방식이 개인의 삶에 미치는 긍정적인 영향을 다루며, 실패를 성공의 발판으로 삼는 방법을 소개한다. 또한, 효과적인 목표 설정과 달성 방법, 창의적인 문제 해결 방식, 두려움 극복, 집중력 향상 방법 등을 다룬다. 이를 통해 독자들이 성공적인 사고방식을 습득하고 실천할 수 있도록 돕는다.

긍정적으로 생각하면
어떤 변화가 생길까?

어느 날 문득, 나는 스스로에게 물었다.

"내 인생을 바꿀 수 있는 가장 간단한 방법은 무엇일까?"

그 답은 생각보다 단순했다. 바로 긍정적으로 생각하는 것이었다. 긍정적 사고는 우리 삶에 큰 변화를 미친다. 긍정적 사고는 스트레스를 줄이고, 문제 해결 능력을 향상시키며 인간관계를 개선하는 데 큰 역할을한다. 무엇보다, 긍정적인 마음가짐은 끊임없는 동기부여를 제공한다. 이는 성공으로 이끄는 원동력이 된다. 긍정적 사고는 삶의 질을 전반적으로 향상한다.

일상의 작은 실천들이 모여 큰 변화를 만든다. 이를 통해 우리는 더 행복하고 성공적인 삶을 살 수 있다.

유명 기업가의 긍정적 사고

스티브 잡스는 애플을 창업하고 혁신적인 제품들을 선보이며, 세계적인 성공을 거두었다. 하지만 그의 여정은 순탄치 않았다. 초기의 애플 컴퓨터가 큰 성공을 거두었지만, 이후 몇 번의 실패를 경험했고, 특히 애플에서 쫓겨났을 때 큰 시련을 겪었지만, 그는 긍정적인 사고로 이를 극복하고 Pixar와 NeXT를 창업했다. 결국 그는 애플로 돌아와 아이폰을 비롯한 혁신적인 제품들을 세상에 내놓을 수 있었다.

서준이의 긍정적 사고

서준이는 신생 스타트업의 창업자이다. 초기에는 수많은 실패와 어려움에 직면하지만, 긍정적인 사고로 이를 극복했다. 매일 아침 "오늘도 우리는 성장할 수 있다"라는 말을 팀원들에게 전하고, 문제를 해결할 때마다 이를 새로운 기회로 보았다. 결국, 서준이의 스타트업은 큰 성공을 거두었고 자신의 경험을 통해 긍정적인 사고가 얼마나 강력한 힘을 가지는지 깨닫는다.

평범한 사람의 일상에서의 긍정적 변화

평범한 주부였던 영희 씨는 긍정적 사고의 힘을 깨닫고 일상에 적용하기 시작했다. 매일 아침 거울을 보며 "오늘도 나는 잘할 수 있어"라는 긍정적인 말을 스스로에게 했고, 작은 일에도 감사하는 마음을 가지려 노력했다.

그 결과, 영희 씨는 가족과의 관계가 개선되고, 스트레스를 덜 받게 되었으며, 자신의 삶에 만족감을 느끼게 되었다. 이는 긍정적 사고가 일상 속에서도 큰 변화를 가져올 수 있음을 보여주는 좋은 예이다.

긍정적인 사고를 일상에 적용하기 위한 방법에 대해 알아보자.

긍정적인 언어 사용하기

매일 아침 거울을 보며 자신에게 긍정적인 말을 건네보자. "오늘도 나는 잘할 수 있어" 또는 "나는 소중한 사람이다"와 같은 말을 반복하는 것이다. 이는 하루를 긍정적으로 시작하기 위한 좋은 방법이다. 긍정적인 언어는 마음가짐을 변화시키고, 자신감을 높이는 데 큰 도움이 된다.

감사 일기 쓰기

매일 하루에 세 가지 감사한 일을 기록해 보자. 작은 일이라도 괜찮다. 이를 통해 긍정적인 시각을 강화할 수 있다. 예를 들어, "오늘 날씨가 좋아서 기뻤다", "친구와 즐겁게 지냈다", "좋은 책을 읽었다"와 같은 작은 감사의 순간들을 적어보자. 감사하는 마음은 우리의 사고방식을 근본적으로 바꾸어준다.

문제를 기회로 보기

문제가 발생했을 때 이를 해결해야 할 골칫거리로 보기보다, 새로운 기회를 제공하는 도전으로 보자. 예를 들어, 프로젝트가 실패했을 때, "이번 경험으로 무엇을 배울 수 있을까?", "다른 방법으로 시도해 보자"라는 긍정적인 시각으로 접근하는 것이다. 문제를 긍정적으로 바라보는 시각은 창의적인 해결책을 찾는 데 도움이 된다.

긍정적인 사람들과 어울리기

주변에 긍정적인 에너지를 주는 사람들과 함께 시간을 보내는 것도 중요하다. 그들의 긍정적인 태도는 당신에게도 전염될 것이다. 예를 들어, 긍정적인 친구와 정기적으로 만나거나, 긍정적인 온라인 커뮤니티에 참여하는 것이다. 긍정적인 환경은 우리의 생각과 행동을 더욱 긍정적으로 만든다.

자신에게 관대해지기

실수하거나 실패했을 때 자신을 너무 탓하지 말고, 관대하게 대하자. 실패는 성장의 과정 중 하나일 뿐이다. 예를 들어, "이번 실수로 많은 것을 배웠어", "다음에는 더 잘할 수 있을 거야"라고 자신을 격려해 보자. 자기 자신을 격려하는 태도는 자신감을 높이는 데 중요하다.

긍정적인 시각으로 하루 시작하기

하루를 시작할 때 긍정적인 생각으로 출발하는 것도 좋다. 아침에 명상이나 스트레칭을 하면서 긍정적인 에너지를 충전해 보자. 예를 들어, "오늘 하루도 멋지게 시작해 보자", "오늘 만날 사람들에게 친절해야지"라는 생각을 가지는 것이다. 아침 루틴은 하루 전체의 기분과 성과에 큰 영향을 미친다.

긍정적인 사고는 단순한 낙관적 태도를 넘어, 삶을 전반적으로 개선하는 강력한 도구이다. 일상 속 작은 실천들이 모여 큰 변화를 만들 수 있다. 이를 통해 우리는 더 행복하고 성공적인 삶을 살 수 있다.

실패를 어떻게
성공의 발판으로 삼을까?

인생에서 실패를 경험할 때마다 나는 어떻게 이 상황을 극복해야 할지 깊이 고민했다.

"왜 나는 실패를 두려워할까?"라는 질문이 떠올랐다.

그 답은 간단했다. 실패를 단순한 좌절로 보았기 때문이었다. 그러나 성공한 사람들은 실패를 다르게 바라본다. 그들은 실패를 성장의 기회로 본다. 실패는 단순히 끝이 아니라, 새로운 시작을 알리는 신호다. 이를 통해 나는 실패를 긍정적으로 받아들이고, 이를 통해 배움을 얻으며, 더 나은 방향으로 나아갈 수 있다는 것을 깨달았다. 실패는 우리를 더욱 단단하게 만들고, 성공으로 가는 길을 더욱 의미 있게 만들어 준다. 실패를 통해 얻은 교훈은 성공의 밑거름이 된다.

토머스 에디슨의 실패와 성공

토머스 에디슨은 전구를 발명하기까지 수천 번의 실패를 경험했다. 많은 사람들이 그의 실패를 보고 좌절했지만, 에디슨은 달랐다. 그는 "나는 실패한 것이 아니다. 나는 단지 10,000가지 잘못된 방법을 발견한 것이다"라고 말했다. 이처럼 에디슨은 실패를 새로운 방법을 찾는 과정으로 보았다. 결국 그는 전구를 발명하며, 전 세계에 혁신적인 변화를 불러왔다.

 ## J.K. 롤링의 실패와 성공

해리 포터 시리즈의 저자 J.K. 롤링은 한때 실직 상태였고, 생활고에 시달렸다. 그녀는 여러 출판사에서 원고를 거절당했다. 하지만 그녀는 포기하지 않고 계속해서 글을 썼고, 결국 해리 포터 시리즈는 세계적인 성공을 거두었다. 롤링은 자신의 실패를 통해 강한 의지를 키우고, 꿈을 이루기 위해 끊임없이 노력했다.

실패를 성공의 발판으로 삼기 위한 방법에 대해 알아보자.

실패를 받아들이기

실패를 자연스러운 과정으로 받아들이는 것이 중요하다. 실패는 끝이 아니라 새로운 시작이다. 예를 들어, "이번 실패는 나에게 더 나은 방법을 찾을 기회를 주었다"라고 생각해 보자. 이렇게 실패를 긍정적으로 받아들이면, 실패에 대한 두려움이 줄어들고 더 나은 결과를 위한 발판으로 삼을 수 있다.

실패에서 배우기

실패에서 교훈을 얻는 것도 중요하다. 무엇이 잘못되었는지 분석하고, 다음에는 어떻게 개선할 수 있을지 생각해 보자. 예를 들어, 프로젝트가 실패한 후에는 회고록을 작성하고, 개선할 점 목록을 만들어보자. 이렇게 하면 다음번에는 같은 실수를 반복하지 않고 더 나은 결과를 얻을 수 있다.

작은 성공 쌓기

작은 성공을 쌓아가는 것도 큰 도움이 된다. 작은 목표를 세우고, 이를 달성함으로써 자신감을 키워보자. 예를 들어, 하루에 하나씩 작은 목표를 달성하고, 성취한 목표를 기록하며 자축해 보자. 이러한 작은 성공들이 쌓여 큰 성과로 이어질 것이다.

긍정적인 태도 유지하기

긍정적인 태도를 유지하는 것도 중요하다. 실패에 좌절하지 말고, 이를 통해 더 나아질 수 있다는 믿음을 가져보자. 예를 들어, "이번 실패는 내가 성장할 기회야"라고 생각해 보자. 긍정적인 태도는 어려움을 극복하는 데 큰 힘이 된다.

지속적인 도전

실패에 굴하지 않고 지속적으로 도전하는 것도 필요하다. 성공은 한 번의 도전으로 오지 않는다. 여러 번의 도전을 통해 이뤄진다. 예를 들어, 여러 번의 도전 끝에 성공한 경험을 기록하거나, 실패를 극복한 사례를 읽어보자. 이러한 경험들은 지속적인 도전을 가능하게 한다.

지원 네트워크 활용하기

주위의 지지자들과 경험을 공유하는 것도 큰 도움이 된다. 그들의 조언과 격려는 실패를 극복하는 데 큰 힘이 된다. 예를 들어, 멘토나 친구와 실패 경험을 공유하고, 지원 그룹에 참가해 보자. 이러한 네트워크는 긍정적인 에너지를 제공하며, 어려움을 함께 이겨낼 수 있게 도와준다.

실패는 우리가 두려워할 대상이 아니다. 오히려 이를 통해 우리는 더 큰 성공을 이룰 수 있다. 실패를 긍정적으로 받아들이고, 이를 성장의 기회로 삼는다면, 우리는 더욱 단단해지고 성공에 한 발짝 더 다가갈 수 있다.

목표는 어떻게
세우고 달성할까?

미래에 대한 불확실성 속에서 나는 문득 스스로에게 질문을 던졌다.

"나는 무엇을 이루고 싶은가?"

이 질문은 목표 설정의 중요성을 깨닫게 해주었다. 목표 없이 살아가면 방향을 잃고 방황할 수밖에 없다. 성공한 사람들은 분명한 목표를 설정하고, 그 목표를 향해 꾸준히 노력했다. 목표를 세우고 이를 달성하기 위해서는 명확한 계획과 끈기, 그리고 지속적인 동기부여가 필요하다. 나는 내 꿈을 실현하기 위해 구체적인 목표를 세우기로 결심했다. 이 과정에서 나는 목표 설정이 삶의 방향을 잡아주고, 더 큰 성취감을 느끼게 해준다는 것을 깨달았다.

그리고 이제 나는 그 목표를 이루기 위해 한 걸음씩 나아가고 있다.

마라톤 완주를 목표로 한 김영수 씨의 이야기

김영수 씨는 평범한 회사원으로, 항상 건강을 챙기지 못해서 고민이었다. 그는 마라톤 완주를 목표로 세우고, 이를 통해 건강을 회복하고자 했다. 처음에는 5km를 뛰는 것도 힘들었지만, 꾸준한 훈련과 목표 설정을 통해 점점 거리를 늘려갔다. 매주 작은 목표를 세우고 이를 달성하면서 자신감을 키웠다. 결국 그는 첫 마라톤을 완주하며 큰 성취감을 느꼈다. 그의 이야기는 목표 설정과 꾸준한 노력의 중요성을 보여준다.

 ## 스타트업 창업을 목표로 한 이지영 씨의 이야기

이지영 씨는 창업을 꿈꾸던 평범한 직장인이었다. 그녀는 자신만의 카페를 열기로 결심하고, 이를 위한 목표를 세우기 시작했다. 먼저 창업에 필요한 자금을 모으기 위해 매달 일정 금액을 저축했다. 또한, 카페 운영에 필요한 기술과 지식을 습득하기 위해 관련 강좌를 듣고, 경험을 쌓기 위해 주말마다 다른 카페에서 아르바이트했다. 이지영 씨는 작은 목표들을 하나씩 달성해 가며 결국 자신만의 카페를 열게 되었다.

목표를 세우고 달성하기 위한 방법에 대해 알아보자.

SMART 목표 설정하기

목표는 구체적(Specific), 측정 가능(Measurable), 달성 가능(Attainable), 관련성 있는(Relevant), 시간제한(Time-bound)으로 설정하라. 예를 들어, "6개월 안에 10kg 감량하기"라는 구체적인 목표를 세우면 목표 달성의 가능성이 높아진다.

작은 목표부터 시작하기

큰 목표를 작은 단위로 나누어 하나씩 달성하라. 예를 들어, 하루 30분 운동하기, 하루 1시간 독서하기 등의 작은 목표를 설정하고 달성해 보자. 작은 목표들을 달성함으로써 자신감을 키우고, 큰 목표를 향해 나아갈 수 있다.

목표를 시각화하기

목표를 눈에 보이는 곳에 두어 항상 상기하라. 목표 달성의 이미지를 구체적으로 그려보는 것도 도움이 된다. 예를 들어, 목표 달성 후의 모습을 그려서 벽에 붙여두면 동기부여가 될 수 있다.

계획 세우기

목표를 달성하기 위한 구체적인 계획을 세우고 이를 실천하라. 매일 해야 할 일을 체크리스트로 만들어 실천해 보자. 이렇게 하면 목표를 향해 체계적으로 나아갈 수 있다.

진행 상황 점검하기

정기적으로 목표 달성 과정을 점검하고 필요한 경우 계획을 수정하라. 주간, 월간 리뷰를 통해 진행 상황을 점검하고, 필요한 경우 계획을 수정하여 목표 달성에 한 발짝 더 가까워지자.

동기부여 유지하기

목표를 향한 동기부여를 유지하기 위해 자신에게 보상을 주거나 동기부여 글귀를 찾아보자. 예를 들어, 작은 목표를 달성할 때마다 자신에게 작은 보상을 주면, 동기부여가 지속될 수 있다.

목표를 세우고 달성하는 것은 삶의 방향을 정하고 성취감을 느끼는 중요한 과정이다. 구체적인 계획과 지속적인 노력, 그리고 긍정적인 태도가 목표 달성의 열쇠이다.

창의적인 생각으로
벽을 넘다

어느 날, 나는 업무에서 큰 난관에 부딪혔다. 아무리 고민해도 해결책이 보이지 않았다.

그때 문득 "내가 지금까지 생각하지 못했던 다른 방법은 없을까?"라는 생각이 떠올랐다. 창의적인 사고가 필요한 순간이었다. 창의적인 생각은 새로운 시각을 제공하고, 문제를 해결하는 데 큰 도움이 된다. 기존의 틀을 벗어나 새로운 접근 방식을 시도해 보는 것이 중요하다. 이를 통해 나는 문제를 해결하고, 더욱 혁신적인 결과를 얻을 수 있었다.

창의적인 생각은 단순한 문제 해결을 넘어, 더 나은 방향으로 나아가는 길을 열어준다. 이제 나는 창의적인 사고를 통해 업무뿐만 아니라 일상생활에서도 새로운 가능성을 발견하고 있다.

애플의 스티브 잡스

스티브 잡스는 창의적인 사고의 대명사로 불린다. 애플의 초기 시절, 그는 기존의 컴퓨터와는 완전히 다른, 직관적이고 사용하기 쉬운 컴퓨터를 만들고자 했다. 이 과정에서 여러 번의 실패를 경험했지만, 창의적인 접근 방식을 통해 결국 매킨토시를 탄생시켰다. 그의 창의적인 사고는 단순히 제품의 기능뿐만 아니라 디자인, 사용자 경험까지 혁신적으로 변화시켰다. 이는 애플이 세계적인 기업으로 성장하는 데 크게 이바지했다.

레고의 혁신적 재탄생

레고는 한때 경영 위기에 직면했지만, 창의적인 접근 방식을 통해 다시 일어섰다. 회사는 기존의 블록 장난감에서 벗어나, 영화, 비디오 게임, 테마 파크 등 다양한 분야로 확장했다. 이 과정에서 레고는 사용자들이 직접 창의력을 발휘할 수 있는 공간을 제공하고, 커뮤니티와의 소통을 강화했다. 이러한 창의적인 전략 덕분에 레고는 다시금 세계적인 장난감 브랜드로 자리매김할 수 있었다.

창의적인 사고를 발휘하기 위한 방법에 대해 알아보자.

틀을 깨는 사고

문제를 해결할 때 기존의 방식에서 벗어나 새로운 시각으로 접근하는 것이 중요하다. "왜 항상 이렇게 해야 하는가?"라는 질문을 던져보자. 기존의 프로세스를 점검하고, 더 효율적인 방법을 찾아보는 것이 필요하다. 예를 들어, 팀 내에서 현재의 업무처리방식을 재검토하고, 새로운 접근 방식을 모색하는 것이다. 기존의 틀을 깨고 새로운 방법을 시도하면 문제 해결의 실마리를 찾을 수 있다.

브레인스토밍

다양한 아이디어를 자유롭게 제시하고, 이를 통해 창의적인 해결책을 모색하는 과정이다. 모든 생각을 긍정적으로 받아들이고, 평가하지 않는 것이 중요하다. 팀원들과 함께 브레인스토밍 세션을 열어 다양한 아이디어를 공유해보자. 이를 통해 문제를 여러모로 분석하고, 최적의 해결책을 찾아낼 수 있다. 브레인스토밍은 다양한 관점을 한데 모아 새로운 아이디어를 도출하는 데 큰 도움이 된다.

다양한 경험 쌓기

새로운 경험을 통해 다양한 시각을 얻는 것도 중요하다. 여행, 독서, 다양한 분야의 사람들과의 대화를 통해 창의적인 아이디어를 얻을 수 있다. 예를 들어, 다른 산업 분야의 사례를 연구하고, 이를 자신의 상황에 적용해 보자. 다양한 경험은 문제 해결에 있어 새로운 시각을 제공하며, 창의적인 접근 방식을 가능하게 한다.

리버스 엔지니어링

문제를 해결하기 위해 결과에서 시작해 원인을 추적하는 방법도 효과적이다. 목표를 설정하고, 그 목표를 달성하기 위해, 필요한 단계를 거꾸로 생각해 보자. 예를 들어, 프로젝트의 최종 목표를 설정하고, 그 목표를 이루기 위해, 필요한 단계를 역으로 추적하며 문제를 분석하는 것이다. 이렇게 하면 문제의 근본 원인을 파악하고, 효과적인 해결책을 도출할 수 있다.

비유와 메타포 사용하기

복잡한 문제를 이해하기 쉽게 만들기 위해 비유나 메타포를 사용하는 것도 좋은 방법이다. 이를 통해 새로운 시각으로 문제를 바라볼 수 있다. 예를 들어, 복잡한 기술 문제를 일상적인 상황에 빗대어 설명하는 것이다. 이렇게 하면 문제의 본질을 더 쉽게 파악할 수 있으며, 창의적인 해결책을 찾는 데 도움이 된다.

휴식과 재충전

창의적인 사고는 스트레스를 받지 않는 환경에서 잘 발휘된다. 충분한 휴식과 재충전을 통해 새로운 아이디어를 얻을 수 있다. 일정 시간마다 짧은 휴식을 취하고, 자연 속에서 산책하며 머리를 식혀보자. 휴식과 재충전은 뇌를 리프레시하고, 새로운 시각으로 문제를 바라보게 하여 창의적인 해결책을 찾는 데 큰 도움이 된다.

창의적인 생각은 문제 해결과 혁신의 핵심이다. 이를 통해 우리는 더 나은 결과를 얻고, 더 높은 목표를 달성할 수 있다. 창의적인 사고를 일상에 적용해 보자.

문제를 다른
시각으로 바라보기

최근에 나는 중요한 프로젝트를 진행하면서 예상치 못한 난관에 부딪혔다. 아무리 기존의 방법으로 접근해도 문제는 해결되지 않았다. 이때, "어떻게 하면 이 문제를 새로운 시각으로 바라볼 수 있을까?"라는 생각이 떠올랐다. 새로운 관점에서 문제를 바라보는 것은 기존의 틀에서 벗어나 다른 해결책을 찾는 데 큰 도움이 된다. 종종 문제를 해결하려면 전혀 다른 접근 방식이 필요하다. 나는 문제를 여러 각도에서 분석하고, 새로운 관점으로 접근해 본 결과, 결국 해결책을 찾을 수 있었다. 이를 통해 문제를 다른 시각으로 바라보는 것이 얼마나 중요한지 깨닫게 되었다. 이제 나는 문제를 해결할 때마다 다양한 시각을 고려하는 습관을 갖게 되었다.

패스트푸드점의 혁신

한 패스트푸드점은 고객 대기 시간이 길어져 고객 만족도가 떨어지는 문제를 겪고 있었다. 기존의 방법으로는 이를 해결할 수 없었지만, 다른 시각에서 접근한 결과, 대기 시간을 줄이는 새로운 방법을 발견했다. 직원들은 주문을 받는 동시에 음식을 준비하기 시작했고, 고객 대기 시간이 크게 줄어들었다. 이를 통해 고객 만족도가 향상되고, 매출도 증가했다. 이 사례는 문제를 다른 시각으로 바라보는 것이 얼마나 중요한지를 보여준다.

구글의 20% 시간 정책

구글은 직원들이 주어진 업무 외에도 개인 프로젝트를 진행할 수 있도록 20%의 시간을 할애하는 정책을 도입했다. 이는 직원들이 창의적으로 문제를 해결하고, 새로운 아이디어를 개발할 기회를 제공했다. 이 정책을 통해 구글은 지메일, 애드센스 등 혁신적인 제품을 탄생시킬 수 있었다. 구글의 20% 시간 정책은 문제를 다른 시각으로 바라보고, 창의적인 해결책을 찾는 데 큰 도움이 되었다.

넷플릭스의 추천 알고리즘

넷플릭스는 사용자들이 무엇을 보고 싶어 할지 예측하기 위해 다양한 방법을 시도해 왔다. 초기에는 단순한 장르별 추천 시스템을 사용했으나, 이는 개인의 취향을 반영하지 못하는 경우가 많았다. 넷플릭스는 문제를 다른 시각에서 접근하여, 사용자의 시청 기록, 평가, 검색 기록 등을 종합적으로 분석하는 복잡한 알고리즘을 개발했다. 이를 통해 개인 맞춤형 추천 시스템을 도입했고, 사용자 만족도를 크게 높일 수 있었다. 이 사례는 데이터 분석과 알고리즘을 통해 문제를 해결한 좋은 예다.

 ## 스타벅스의 매장 위치 선정

스타벅스는 새로운 매장을 열 때, 전통적인 방법으로는 예상되는 유동 인구와 주변 상권을 분석하는 방식을 사용했다. 그러나 이는 모든 요소를 충분히 반영하지 못하는 경우가 많았다. 스타벅스는 문제를 다른 시각에서 접근하여, 데이터 과학과 머신 러닝을 활용해 매장 위치를 최적화하는 새로운 시스템을 도입했다. 다양한 데이터를 종합적으로 분석해 최적의 매장 위치를 선정함으로써 매출과 고객 만족도를 높일 수 있었다.

문제를 다른 시각으로 바라보기 위한 방법에 대해 알아보자.

다양한 관점에서 접근하기

문제를 여러 가지 관점에서 바라보고 분석하는 것이 중요하다. 다양한 시각을 통해 새로운 해결책을 발견할 수 있다. 예를 들어, 팀원들과 문제를 공유하고, 각자의 관점에서 해결책을 제시해 보는 것이다. 다양한 의견을 통해 문제를 여러모로 분석할 수 있다.

다양한 분야의 사례 연구하기

다른 산업이나 분야에서 유사한 문제를 어떻게 해결했는지 연구하는 것도 도움이 된다. 다른 업계의 성공 사례를 연구하고, 이를 자신의 문제에 적용해 보는 것이다. 이렇게 하면 새로운 아이디어를 얻을 수 있고, 문제를 창의적으로 해결할 수 있다.

문제의 정의 다시 하기

문제를 해결하기 전에 문제의 정의를 다시 내려보는 것도 중요하다. 때로는 문제를 다르게 정의함으로써 새로운 해결책이 보일 수 있다. 예를 들어, "이것이 진짜 문제인가?" 또는 "문제를 다른 방식으로 정의하면 어떻게 될까?"라는 질문을 던져보자.

협업과 네트워킹

다양한 배경과 경험을 가진 사람들과 협력하고 네트워크를 구축하는 것도 중요한 전략이다. 다른 사람들과의 협업을 통해 더 풍부하고 창의적인 해결책을 찾을 수 있다. 예를 들어, 다른 부서나 외부 전문가와 협력하여 문제를 해결하는 것이다.

제약 조건 재검토하기

문제를 해결할 때 가정하고 있는 제약 조건들을 다시 한번 검토해 보자. 기존의 제약 조건을 없애거나 완화하는 것이 새로운 해결책을 찾는데 도움이 될 수 있다. 예를 들어, "이 제약 조건이 정말 필요한가?"라는 질문을 던져보자.

문제를 다른 시각으로 바라보는 것은 창의적인 해결책을 찾는 데 매우 중요하다. 다양한 접근 방식을 통해 문제를 해결하고, 더 나은 결과를 얻을 수 있다.

두려움을
극복해라

나는 종종 중요한 발표나 도전을 앞두고 두려움에 사로잡히곤 한다. 어느 날, 수많은 사람 앞에서 발표할 기회가 주어졌을 때, 그 두려움이 더 크게 다가왔다. 발표를 생각할 때마다 마음이 불안해지고, 자신감이 떨어지는 것을 느꼈다. 그러나 두려움에 굴복하면 목표를 이루기 어렵다는 것을 알기 때문에 두려움을 이겨내기 위한 방법을 찾기로 결심했다. 두려움을 극복하는 과정에서 나는 많은 것을 배우고, 스스로 성장할 수 있었다. 두려움을 극복하면 더 큰 도전과 기회를 맞이할 수 있다.

 오프라 윈프리의 어려운 어린 시절 극복

오프라 윈프리는 어린 시절 가난과 학대, 차별을 경험하며 자라났다. 그녀는 이러한 환경에서 오는 두려움과 불안감을 극복해야 했다. 오프라는 교육에 대한 열정과 자신에 대한 믿음을 가지고 두려움을 극복하며 자신의 길을 찾았다. 그녀는 라디오 방송국에서 일하기 시작하며 방송계에 발을 들였고, 이후 세계적으로 유명한 토크쇼 호스트이자 미디어 거물이 되었다. 오프라의 이야기는 어려운 상황에서도 두려움을 이겨내고 꿈을 이루기 위해 끊임없이 노력하는 것이 중요함을 보여준다.

 ## 스티브 잡스의 무대 공포증 극복

애플의 창립자 스티브 잡스는 초기에는 무대 공포증을 가지고 있었다. 많은 사람들 앞에서 발표하는 것이 두려웠던 그는 처음에는 발표를 피하려고 했다. 그러나 그는 두려움을 극복하기 위해 끊임없이 연습하고, 작은 청중 앞에서부터 발표를 시작했다. 점차 자신감을 얻게 되면서 그는 대규모 발표에서도 탁월한 능력을 발휘할 수 있었다. 그의 끊임없는 노력과 연습 덕분에, 그는 애플의 혁신적인 제품을 전 세계에 성공적으로 소개할 수 있었다.

두려움을 극복하기 위한 몇 가지 방법에 대해 알아보자.

두려움을 직시하라

두려움을 피하지 말고 직시하라. 두려움을 정확히 이해하고, 그 원인을 분석하는 것이 중요하다. 예를 들어, 프레젠테이션이 두렵다면, 왜 두려운지 구체적으로 생각해 보자. 두려움을 인식하고 받아들이면 극복의 첫걸음을 뗄 수 있다.

작은 단계로 나누어 도전하라

큰 두려움을 작은 단계로 나누어 도전하는 것이 효과적이다. 예를 들어, 대규모 발표가 두렵다면, 소규모 그룹 앞에서부터 연습해 보자. 점진적으로 더 큰 도전에 나서면서 자신감을 키울 수 있다.

긍정적인 자기 대화

자신에게 긍정적인 말을 건네라. 두려움을 극복하기 위해 스스로에게 "나는 할 수 있다", "이 상황을 잘 극복할 수 있다"라는 긍정적인 말을 반복하라. 이는 두려움을 줄이고 자신감을 높이는 데 도움이 된다.

준비와 연습

철저한 준비와 연습은 두려움을 극복하는 데 큰 도움이 된다. 중요한 발표나 도전을 앞두고 충분히 연습하고 준비하면 두려움을 줄일 수 있다. 연습을 통해 예상치 못한 상황에도 대비할 수 있다.

전문가의 도움 받기

심한 두려움은 전문가의 도움을 받는 것이 좋다. 상담사나 심리 치료사와의 상담을 통해 두려움의 원인을 파악하고, 극복 방법을 배울 수 있다. 전문가의 도움은 더 효과적이고 빠른 두려움 극복을 도울 수 있다.

호흡과 이완 기술 사용

두려움을 느낄 때 심호흡과 이완 기술을 사용해 보자. 심호흡은 긴장을 완화하고, 마음을 차분하게 만들어준다. 간단한 호흡 운동과 이완 기술을 연습하면 두려움을 줄이는 데 도움이 된다.

두려움을 극복하는 것은 쉽지 않지만, 꾸준한 노력과 전략을 통해 가능하다. 두려움을 직시하고, 이를 극복하기 위한 구체적인 방법을 실천함으로써 우리는 더 큰 도전과 기회를 맞이할 수 있다. 이를 통해 개인의 성장과 성취를 이룰 수 있다.

집중력을
높여라

나는 항상 여러 가지 일을 동시에 처리하려다 보니 쉽게 산만해지곤 했다. 어느 날, 중요한 프로젝트를 진행하면서 집중력이 떨어져 결국 일을 제시간에 마무리하지 못하는 상황이 발생했다. 그때 나는 "어떻게 하면 집중력을 높일 수 있을까?"라는 질문을 스스로에게 던졌다. 집중력은 우리의 생산성을 높이고, 목표를 달성하는 데 있어 매우 중요한 요소이다. 집중력을 높이기 위해 여러 가지 방법을 시도하면서 나는 점차 효과적인 방법을 찾아갔다. 집중력을 높이는 방법을 통해 나는 업무의 효율성을 높일 수 있었고, 더 나은 성과를 얻을 수 있었다. 이제 나는 중요한 일을 할 때는 항상 최고의 집중력을 발휘할 수 있도록 환경을 조성하고 있다.

마이크로소프트의 빌 게이츠

빌 게이츠는 마이크로소프트를 창업하고 성공적인 경영을 이어가면서도 집중력을 유지하는 방법을 찾기 위해 끊임없이 노력했다. 그는 업무 시간 동안 최대한 방해 요소를 제거하고, 중요한 일에만 집중했다. 빌 게이츠는 매일 아침 가장 중요한 세 가지 목표를 설정하고, 이를 달성하기 위해 집중적으로 일했다. 이러한 집중력 덕분에 그는 마이크로소프트를 세계적인 기업으로 성장시킬 수 있었다.

제프 베조스의 집중력 유지 방법

아마존의 창립자 제프 베조스는 하루에 수많은 결정과 업무를 처리해야 했다. 그는 집중력을 유지하기 위해 "피자 두 판의 법칙"을 도입했다. 이는 팀의 규모를 두 판의 피자로 충분히 먹을 수 있는 인원으로 제한하는 것이다. 이렇게 함으로써 팀원들은 더 집중하고 효율적으로 일할 수 있었다. 또한, 그는 중요한 회의와 결정은 오전에 집중적으로 처리하고, 오후에는 덜 중요한 업무를 처리하는 방식으로 집중력을 관리했다.

집중력을 높이기 위한 방법에 대해 알아보자.

목표 설정과 우선순위 정하기

하루를 시작하기 전에 중요한 목표를 설정하고 우선순위를 정하는 것이 중요하다. 가장 중요한 일부터 처리함으로써 집중력을 유지할 수 있다. 예를 들어, 매일 아침 세 가지 주요 목표를 설정하고 이를 달성하기 위해 집중적으로 노력하는 것이 좋다. 이렇게 하면 하루 동안 해야 할 일들이 명확해지고, 우선순위에 따라 효율적으로 일을 처리할 수 있다.

환경 정리

작업 환경을 정리하는 것도 집중력을 높이는 데 큰 도움이 된다. 불필요한 물건이나 자료는 치우고 필요한 것만 남겨두어 깔끔한 작업 공간을 유지해야 한다. 예를 들어, 책상 위의 불필요한 물건을 치우고, 필요한 자료만 남겨두는 것이 좋다. 정돈된 공간은 마음을 차분하게 하고, 집중력을 향상하는 데 도움을 준다.

시간 관리

일정한 시간 동안 집중해서 일하고, 짧은 휴식을 취하는 방법을 활용하는 것도 효과적이다. 예를 들어, 25분 동안 집중해서 일하고 5분 동안 휴식을 취하는 포모도로 기법을 사용해 보자. 타이머를 설정하고, 집중 시간과 휴식 시간을 분명히 구분하여 활용하는 것이 좋다. 이렇게 하면 일정 시간 동안 집중력을 유지할 수 있고, 규칙적인 휴식을 통해 피로를 줄일 수 있다.

디지털 디톡스

업무 시간 동안 스마트폰, 이메일, 소셜 미디어 등 디지털 방해 요소를 최소화하는 것이 중요하다. 중요한 작업을 할 때는 이들에게서 벗어나야 한다. 예를 들어, 스마트폰을 다른 방에 두거나 중요한 작업을 할 때는 알림을 끄는 것이 좋다. 이렇게 하면 디지털 기기에 의한 방해를 줄이고, 중요한 업무에 더 집중할 수 있다.

명상과 이완 기술

명상이나 이완 기술을 통해 마음을 차분하게 유지하는 것도 집중력을 높이는 데 큰 도움이 된다. 예를 들어, 하루 10분씩 명상을 하거나, 깊은 호흡을 통해 마음을 안정시키는 것이 좋다. 명상은 마음을 차분하게 하고, 집중력을 향상하는 데 큰 도움을 준다.

적절한 휴식

지나치게 오래 일하지 말고, 적절한 휴식을 취하는 것도 중요하다. 규칙적인 휴식은 집중력을 유지하고 피로를 줄이는 데 도움이 된다. 예를 들어, 매시간 5분씩 일어나서 스트레칭을 하거나, 산책하며 머리를 식히는 것이 좋다. 이렇게 하면 긴장된 근육을 풀어주고, 머리를 맑게 하여 집중력을 유지할 수 있다.

집중력을 높이는 것은 우리의 생산성을 극대화하고, 더 나은 성과를 얻는 데 매우 중요하다. 다양한 방법을 시도해 보고, 자신에게 맞는 방식을 찾아 실천함으로써 더 높은 집중력과 성취감을 경험할 수 있다.

2장

성공을 부르는
마인드셋 훈련은 이렇게 하라

성공을 위한 마인드셋 훈련 방법을 설명한다. 자신감을 쌓는 작은 습관들, 시간을 효율적으로 사용하는 비결, 마음의 근육을 단련하는 습관, 지속적인 동기부여 방법, 스트레스 관리법, 효과적인 멀티태스킹 방법, 그리고 작은 성취를 즐기는 방법을 다룬다.

자신감을 쌓는
작은 습관들

나는 한 때 자신감이 부족해서 많은 기회를 놓치곤 했다. 친구들과의 모임에서도 주로 뒤로 물러서 있었고, 직장에서도 중요한 발표를 피하려 했다. 하지만 어느 날, 자신감을 쌓기 위해 작은 습관을 만들어보기로 결심했다. 처음에는 작은 목표를 설정하고, 이를 하나씩 달성해 나가는 방식이었다. 매일 아침 거울을 보며 자신에게 긍정적인 말을 건네고, 하루를 긍정적인 생각으로 시작하는 것부터 시작했다. 작은 변화를 통해 조금씩 자신감이 생기기 시작했고, 점차 더 큰 도전도 할 수 있게 되었다. 이러한 작은 습관들이 쌓여 나의 자신감을 크게 높여주었다. 이제 나는 자신감 있게 새로운 기회를 맞이하고, 도전을 두려워하지 않게 되었다.

미소의 긍정적인 변화

미소는 늘 자신감 부족으로 고민하던 사람이었다. 친구들과의 대화에서도 소극적이었고, 회사에서도 새로운 프로젝트를 맡는 것을 두려워했다. 어느 날, 그녀는 자신감을 쌓기 위해 매일 작은 목표를 세우기로 결심했다. 그녀는 매일 아침 "나는 할 수 있다"라고 자신에게 말하고, 하루 동안 달성할 수 있는 작은 목표를 설정했다. 예를 들어, 동료에게 먼저 다가가 인사하기, 회의에서 한 가지 의견 내기 등이었다. 이러한 작은 목표들을 달성하면서 미소는 점차 자신감을 얻게 되었고, 나중에는 회사의 중요한 프로젝트를 맡아 성공적으로 마무리할 수 있었다.

준서의 운동 습관

준서는 항상 체형 때문에 자신감이 부족했다. 그는 헬스장에 가는 것도 두려웠다. 하지만 그는 작은 변화부터 시작하기로 결심하고, 매일 아침 일찍 일어나 10분 동안 간단한 스트레칭을 하는 것으로 시작했다. 시간이 지나면서 그는 점점 운동 시간을 늘려갔고, 작은 목표들을 달성하면서 자신감을 키워갔다. 결국 그는 헬스장에 가서 다양한 운동을 즐길 수 있게 되었고, 건강한 체형과 함께 자신감도 되찾을 수 있었다.

자신감을 쌓기 위한 방법에 대해 알아보자.

긍정적인 자기 대화

자신에게 긍정적인 말을 건네는 것은 자신감을 쌓는 데 큰 도움이 된다. 매일 아침 거울을 보며 "나는 할 수 있다"라거나 "오늘도 멋진 하루가 될 것이다"와 같은 긍정적인 말을 반복해 보자. 이런 자기 대화는 하루를 긍정적인 마음가짐으로 시작하게 해주며, 자신감도 높여준다. 예를 들어, 아침마다 거울 앞에서 긍정적인 자기 대화를 연습해 보는 것이 좋다.

작은 목표 설정

작은 목표를 설정하고 이를 달성함으로써 자신감을 쌓을 수 있다. 큰 목표는 부담이 될 수 있지만, 작은 목표는 쉽게 달성할 수 있어 성취감을 느끼게 한다. 하루에 한 가지 새로운 일을 시도해 보거나, 한 달 동안 매주 한 권의 책을 읽는 등 작은 목표를 설정해보자. 이러한 작은 성취들이 모여 자신감을 키울 수 있다.

성공 경험 기록

자신이 달성한 작은 성공을 기록하는 것도 좋다. 성공 경험을 시각적으로 확인하면 자신감을 더욱 강화할 수 있다. 예를 들어, 성취한 목표나 긍정적인 피드백을 기록하는 일기를 써보자. 이렇게 하면 자신의 성취를 되돌아볼 수 있고, 자신감이 부족할 때 이를 보며 힘을 얻을 수 있다.

자신을 칭찬하기

작은 성과라도 자신을 칭찬하는 습관을 들이자. 자신을 칭찬하면 긍정적인 감정을 느끼고, 자신감을 더 쉽게 쌓을 수 있다. 예를 들어, 어려운 일을 해냈을 때 스스로에게 작은 보상을 주는 것도 좋은 방법이다. 이렇게 하면 자신이 한 일에 대해 긍정적인 피드백을 받게 되어 자신감이 높아진다.

두려움 직시하기

두려움을 피하지 말고 직시하는 것이 중요하다. 두려움을 이겨내기 위해 작은 도전부터 시작해 보자. 예를 들어, 발표가 두렵다면 소규모 모임에서부터 발표 연습을 해보는 것이다. 작은 도전을 통해 두려움을 극복하면 점차 큰 도전도 두렵지 않게 된다.

지지 네트워크 활용

주변의 지지자들과 긍정적인 경험을 공유하고, 격려와 조언을 받자. 지지 네트워크는 자신감을 키우는 데 큰 힘이 된다. 친구나 가족과 함께 목표를 공유하고, 서로 격려해 주는 것이 좋다. 이렇게 하면 혼자서 힘들어할 때도 주변의 도움을 받아 자신감을 유지할 수 있다.

자신감을 쌓는 것은 작은 습관들의 집합으로 이루어진다. 이러한 작은 습관들을 꾸준히 실천하면 자신감이 점점 커지고, 더 큰 도전도 두렵지 않게 된다. 자신감을 쌓기 위한 작은 변화를 일상에 도입해 보자.

시간을 잘 쓰는
사람들의 비결은 무엇일까?

나는 종종 하루가 어떻게 지나가는지 모를 정도로 바쁜 일상을 보내곤 한다. 어느 날 문득, "나는 정말 내 시간을 잘 활용하고 있는 걸까?"라는 생각이 들었다. 시간을 효과적으로 관리하지 않으면 중요한 일들을 놓치고, 스트레스를 받을 수 있다. 그래서 시간을 잘 쓰는 사람들의 비결을 알아보기로 결심했다. 이들은 어떻게 하루를 계획하고, 효율적으로 일을 처리하는지 궁금했다. 그들의 습관과 전략을 배우면서 나도 시간을 더 잘 관리할 수 있는 방법을 찾게 되었다.

시간을 잘 쓰면 삶의 질이 향상되고, 더 많은 성취를 이룰 수 있다. 시간을 잘 쓰는 법을 배우면서 나는 일과 삶의 균형을 맞출 수 있는 새로운 길을 찾게 되었다.

연수의 시간 관리 전략

연수는 항상 바쁜 일정 속에서도 놀라운 생산성을 발휘하는 사람이다. 그녀의 비결은 철저한 계획과 우선순위 설정에 있었다. 매일 아침, 그녀는 오늘 할 일 목록을 작성하고, 가장 중요한 일부터 처리했다. 또한, 특정 시간대에는 이메일 확인이나 회의 참석 등 특정 업무에만 집중했다. 이를 통해 그녀는 업무 효율성을 극대화하고, 스트레스를 줄일 수 있었다. 연수의 전략을 배우면서 나도 시간을 더 잘 관리할 수 있게 되었다.

 ## 경수의 일과 삶의 균형 유지

경수는 일과 삶의 균형을 잘 유지하는 사람으로 유명하다. 그는 시간을 잘 관리하기 위해 몇 가지 원칙을 세웠다. 먼저, 그는 업무 시간과 개인 시간을 명확히 구분했다. 업무 시간에는 업무에 집중하고, 개인 시간에는 가족과 함께 시간을 보냈다. 또한, 그는 주말에는 일을 최대한 하지 않고, 재충전하는 시간을 가졌다. 이러한 원칙 덕분에 경수는 업무에서도 높은 성과를 내고, 개인 생활에서도 행복을 느낄 수 있었다.

시간을 잘 쓰기 위한 방법에 대해 알아보자.

목표 설정과 우선순위 정하기

하루를 시작하기 전에 중요한 목표를 설정하고, 우선순위를 정하는 것이 중요하다. 가장 중요한 일부터 처리함으로써 시간을 효과적으로 사용할 수 있다. 예를 들어, 매일 아침 세 가지 주요 목표를 설정하고 이를 달성하기 위해 집중적으로 노력하는 것이 좋다.

일정 관리

일정을 체계적으로 관리하는 것도 필수적이다. 캘린더나 일정 관리 앱을 사용해 하루, 주, 월 단위로 계획을 세우자. 이렇게 하면 중요한 일정을 놓치지 않고, 효율적으로 시간을 사용할 수 있다.

타임 블로킹

타임 블로킹은 특정 시간대를 특정 업무에 할당하는 방법이다. 예를 들어, 오전에는 중요한 업무에 집중하고, 오후에는 이메일 확인이나 회의에 시간을 할애하는 식이다. 이를 통해 집중력을 높이고, 업무를 효과적으로 처리할 수 있다.

방해 요소 최소화

작업 중 방해 요소를 최소화하는 것이 중요하다. 전화, 문자, 이메일 등의 방해 요소를 최소화하고, 업무에 집중할 수 있는 환경을 조성하

라. 예를 들어, 중요한 작업을 할 때는 휴대전화를 무음으로 하고, 이메일 알림을 꺼두는 것이 좋다.

한 번에 한 가지 일하기

멀티태스킹은 오히려 생산성을 떨어뜨릴 수 있다. 한 번에 한 가지 일에 집중하고, 이를 완성한 후 다음 일로 넘어가자. 이렇게 하면 업무의 질을 높이고, 시간을 더 효율적으로 사용할 수 있다.

마감 시간 설정

각 작업에 대해 명확한 마감 시간을 설정하라. 마감 시간이 있으면 일을 더 집중적으로 할 수 있고, 시간을 효과적으로 관리할 수 있다. 예를 들어, 이메일 답변을 30분 내로 끝내기로 정하고, 그 시간 내에 집중해서 처리하는 것이다.

피드백과 반성 시간 가지기

매일 일과를 마친 후, 자신이 어떻게 시간을 사용했는지 돌아보고 피드백을 받아보자. 어떤 부분에서 시간을 낭비했는지, 어떤 점을 개선할 수 있는지 분석하는 것이다. 이렇게 하면 매일 조금씩 더 나은 시간 관리를 할 수 있다.

시간을 잘 쓰는 것은 우리의 생산성을 높이고, 더 나은 성과를 얻는 데 매우 중요하다. 다양한 방법을 시도해 보고, 자신에게 맞는 방식을 찾아 실천함으로써 시간을 효과적으로 관리할 수 있다. 이를 통해 삶의 질을 향상하고, 더 많은 성취를 이룰 수 있다.

마음의 근육을
단련하는 습관들

나는 반복되는 스트레스와 압박에 시달리며 스스로에게 질문을 던졌다. "몸을 단련하는 것처럼 마음도 단련할 수 있을까?" 이 질문은 내 삶에 큰 변화를 불러왔다. 마음의 근육을 단련하면 어떠한 상황에서도 평정심을 유지할 수 있다는 것을 깨달았다. 처음에는 매일 명상을 시도하는 것이 어색하고 어려웠지만, 점차 마음을 다스리는 법을 배우게 되었다. 긍정적인 생각을 유지하고, 스트레스를 효과적으로 관리하면서 삶의 질이 향상되었다. 마음의 근육을 단련하는 습관은 나에게 큰 성취감을 안겨주었다. 이제는 작은 일에도 쉽게 흔들리지 않으며, 어려움 속에서도 희망을 찾을 수 있게 되었다. 마음의 근육을 단련하는 과정에서 나 자신을 더 깊이 이해하고 성장할 수 있었다.

진수의 마음 훈련 이야기

진수는 항상 스트레스와 불안에 시달리던 사람이었다. 그는 작은 일에도 쉽게 긴장하고, 불안감 때문에 일상생활이 힘들었다. 어느 날, 그는 마음의 근육을 단련하기로 결심했다. 매일 아침 10분씩 명상을 하기로 했고, 긍정적인 자기 대화를 연습하기 시작했다. 또한, 하루에 감사한 일 세 가지를 기록하며 긍정적인 마인드를 유지하려고 노력했다. 몇 주 후, 진수는 더 차분해지고 긍정적인 태도를 가지게 되었다. 그의 삶은 이전보다 훨씬 안정되고 행복해졌다.

 ## 경미의 감사 일기 쓰기

경미는 직장에서의 스트레스와 개인적인 문제로 인해 마음의 평정을 잃고 있었다. 그녀는 우울감과 불안에 시달리며 하루하루를 버티는 것이 힘들었다. 어느 날, 친구의 권유로 감사 일기를 쓰기 시작했다. 처음에는 억지로 감사한 일을 찾아 적어야 했지만, 점차 일상의 작은 것들에 감사하는 마음이 생기기 시작했다. 매일 감사한 일을 기록하며 긍정적인 에너지를 채우는 것이 그녀의 일상이 되었다. 경미는 더 이상 작은 일에 스트레스 받지 않고, 긍정적인 마음가짐을 유지할 수 있게 되었다.

마음의 근육을 단련하는 습관들에 대해 알아보자.

마음을 단련하는 것은 신체를 단련하는 것과 마찬가지로 꾸준한 연습과 노력이 필요하다. 다음은 마음의 근육을 강화하는 데 도움이 되는 몇 가지 습관들이다.

명상과 호흡 운동

명상과 호흡 운동은 마음을 차분하게 하고, 스트레스를 줄이는 데 큰 도움이 된다. 매일 아침이나 저녁에 짧은 시간이라도 명상하며 마음을 가다듬어보자. 깊은 호흡을 통해 마음의 안정을 찾는 것도 좋은 방법이다. 예를 들어, 아침에 10분씩 조용한 곳에서 명상하거나, 깊은 호흡을 통해 마음을 차분하게 만드는 습관을 들이는 것이다.

긍정적인 자기 대화

자신에게 긍정적인 말을 건네는 습관을 들이자. "나는 할 수 있다", "오늘도 좋은 일이 생길 것이다"와 같은 긍정적인 말을 반복하면 마음의 근육이 단단해진다. 이러한 자기 대화는 스트레스를 줄이고, 자신감을 높이는 데 도움이 된다. 예를 들어, 아침마다 거울 앞에서 긍정적인 자기 대화를 연습하는 것이 좋다.

감사 일기 쓰기

매일 감사한 일을 세 가지씩 기록하는 습관을 들이자. 작은 일에도 감사하는 마음을 가지면 긍정적인 에너지가 쌓인다. 감사 일기를 쓰는 것은 마음의 근육을 단련하는 데 효과적이다. 예를 들어, 하루를 마무리하며 감사한 일 세 가지를 일기에 적는 습관을 들여보자.

목표 설정과 달성

작은 목표를 설정하고 이를 달성함으로써 자신감을 키우자. 목표를 이루는 과정에서 느끼는 성취감은 마음의 근육을 강화하는 데 큰 도움이 된다. 예를 들어, 매주 작은 목표를 설정하고 이를 달성했을 때 자신을 칭찬하는 습관을 들이는 것이다.

스트레스 관리 기술 배우기

스트레스를 효과적으로 관리하기 위한 다양한 기술을 배우자. 운동,

취미 생활, 친구와의 대화 등 다양한 방법을 통해 스트레스를 해소하는 것이 중요하다. 예를 들어, 규칙적인 운동을 통해 몸과 마음의 스트레스를 해소하는 것이 좋다.

주변 환경 정리하기

주변 환경을 정리하고 깔끔하게 유지하는 것도 마음의 평온을 유지하는 데 큰 도움이 된다. 정돈된 환경은 정신적인 안정감을 주고, 집중력을 높여준다. 예를 들어, 매일 아침 책상 위를 정리하고, 필요한 물건만 남겨두어 깔끔한 작업 환경을 유지하는 습관을 들이는 것이다.

마음의 근육을 단련하는 것은 꾸준한 연습과 노력이 필요하다. 명상, 긍정적인 자기 대화, 감사 일기 쓰기 등 다양한 방법을 실천함으로써 우리는 마음의 힘을 키우고, 더 긍정적이고 행복한 삶을 살 수 있다. 이를 통해 스트레스를 효과적으로 관리하고, 더 큰 성취를 이룰 수 있다.

동기부여를
지속하는 방법

나는 일상에서 동기부여를 유지하는 것이 얼마나 어려운지 깨닫게 되었다. 처음 시작할 때는 열정이 넘치지만, 시간이 지나면서 점점 열정이 식어가는 경험을 자주 하게 되었다. "어떻게 하면 꾸준히 동기를 유지할 수 있을까?"라는 질문이 내 머릿속을 떠나지 않았다. 그러던 중, 작은 성공과 지속적인 동기부여가 얼마나 중요한지를 깨달았다. 나는 목표를 달성하기 위해 작은 단계를 설정하고, 이를 하나씩 이루는 방식으로 동기부여를 유지했다. 또한, 나를 격려해 주는 사람들과 함께하면서 긍정적인 에너지를 얻었다. 이러한 경험을 통해 동기부여를 지속하는 법을 터득하게 되었다. 매일의 작은 성취가 큰 목표로 향하는 원동력이 되었고, 이를 통해 자부심을 느낄 수 있었다. 나아가, 목표를 시각화하고 자신에게 보상을 주는 방법도 동기부여 유지에 큰 도움이 되었다.

은미의 작은 목표 달성

은미는 큰 목표를 세우고 시작했지만, 중간에 동기부여를 잃는 일이 많았다. 이를 극복하기 위해 그녀는 큰 목표를 작은 목표로 나누기로 결심했다. 예를 들어, 그녀는 매일 30분씩 운동하는 작은 목표를 세우고, 이를 달성할 때마다 자신에게 작은 보상을 해주었다. 또한, 그녀는 목표 달성을 기록하며 성취감을 느꼈다. 이렇게 작은 목표를 꾸준히 달성하면서 은미는 점차 더 큰 목표도 달성할 수 있게 되었다.

 ## 민수의 지원 네트워크 활용

민수는 창업 초기의 어려움 속에서 동기부여를 유지하는 것이 힘들었다. 그는 자신의 목표를 주변 사람들과 공유하고, 그들의 지지와 격려를 받기로 결심했다. 친구들과 주기적으로 만나고, 진척 상황을 공유하며 서로를 응원했다. 또한, 멘토를 찾아 조언을 구하고, 긍정적인 피드백을 받았다. 이러한 지원 네트워크 덕분에 민수는 어려운 상황에서도 꾸준히 동기를 유지할 수 있었다.

동기부여를 지속하는 방법에 대해 알아보자.

동기부여를 지속하는 것은 꾸준한 노력과 다양한 전략이 필요하다.

다음은 동기부여를 유지하기 위한 방법들이다.

작은 목표 설정

작은 목표를 설정하고 이를 달성함으로써 성취감을 느낄 수 있다. 큰 목표는 부담이 될 수 있지만, 작은 목표는 쉽게 달성할 수 있어 동기부여를 지속하는 데 도움이 된다. 예를 들어, 하루에 30분씩 운동하거나, 매주 한 권의 책을 읽는 작은 목표를 설정해 보자. 이러한 작은 성취가 쌓여 큰 목표를 이루는 원동력이 된다.

진척 상황 기록

목표 달성의 진척 상황을 기록하고 시각적으로 확인하는 것이 중요하다. 이를 통해 성취감을 느끼고, 지속적인 동기부여를 얻을 수 있다. 예를 들어, 목표 달성 체크리스트를 만들어 매일 점검하는 습관을 들여보자. 진척 상황을 시각적으로 확인하면 더 큰 동기부여를 받을 수 있다.

자기 보상

작은 목표를 달성했을 때 자신에게 보상을 주는 습관을 들이자. 이러한 보상은 동기부여를 지속하는 데 큰 도움이 된다. 예를 들어, 목표를 달성했을 때 좋아하는 음식을 먹거나, 작은 선물을 자신에게 주는 것이다. 이런 자기 보상은 동기부여를 유지하는 강력한 도구가 된다.

지원 네트워크 활용

주변의 지지자들과 목표를 공유하고, 그들의 격려와 조언을 받자. 지지 네트워크는 동기부여를 유지하는 데 큰 힘이 된다. 예를 들어, 친구나 가족과 목표를 공유하고, 서로 격려해 주는 것이 좋다. 또한, 멘토를 찾아 조언을 구하고, 긍정적인 피드백을 받는 것도 큰 도움이 된다.

긍정적인 자기 대화

자신에게 긍정적인 말을 건네는 습관을 들이자. "나는 할 수 있다", "오늘도 좋은 일이 생길 것이다"와 같은 긍정적인 말은 동기부여를 유지하는 데 도움이 된다. 예를 들어, 아침마다 거울 앞에서 긍정적인 자기 대화를 연습하는 것이다. 이러한 긍정적인 자기 대화는 자신감을 높이고, 동기부여를 지속하게 만든다.

영감 얻기

성공한 사람들의 이야기를 듣거나 읽으면서 영감을 얻자. 이러한 이야기들은 자신도 해낼 수 있다는 믿음을 심어주고, 동기부여를 지속하게 만든다. 예를 들어, 성공한 사람들의 자서전을 읽거나, TED 강연을 보는 것이 좋다. 이러한 영감은 자신에게 큰 동기부여를 제공할 수 있다.

동기부여를 지속하는 것은 꾸준한 노력과 다양한 전략이 필요하다.

작은 목표 설정, 진척 상황 기록, 자기 보상, 지원 네트워크 활용 등 다양한 방법을 실천함으로써 우리는 동기부여를 유지하고 더 큰 성취를 이룰 수 있다. 이를 통해 우리는 더 긍정적이고 목표 지향적인 삶을 살 수 있다.

스트레스를
다스리는 법

내 삶에서 스트레스는 늘 피할 수 없는 부분이었다. 일과 생활의 균형을 맞추기 위해 노력하면서도, 언제나 스트레스가 나를 따라다녔다. 어느 날, 나는 끊임없이 밀려드는 스트레스를 어떻게 다스릴 수 있을지 고민하게 되었다. "스트레스를 피할 수 없다면, 이를 어떻게 관리할 수 있을까?"라는 질문이 머릿속을 맴돌았다. 여러 방법을 시도하면서 스트레스 관리의 중요성을 깨닫게 되었다. 명상, 운동, 그리고 긍정적인 자기 대화를 통해 나는 스트레스를 효과적으로 다스리는 법을 배울 수 있었다. 이를 통해 나는 더 건강하고, 균형 잡힌 삶을 살 수 있게 되었다. 뿐만 아니라, 충분한 휴식과 취미 활동을 통해 스트레스를 해소하는 것도 큰 도움이 되었다. 스트레스를 관리하는 법을 배우면서, 나는 더욱 자신감 있고 안정된 마음으로 일상에 임할 수 있게 되었다.

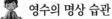 영수의 명상 습관

영수는 항상 바쁜 일정 속에서 스트레스에 시달렸다. 그는 업무 압박과 개인적인 문제로 인해 불안감을 느꼈다. 어느 날, 친구의 추천으로 명상을 시도해 보기로 했다. 처음에는 명상이 어색하고 어렵게 느껴졌지만, 점차 익숙해지면서 마음이 차분해지는 것을 느꼈다. 매일 아침 10분씩 명상을 하며 영수는 스트레스를 다스릴 방법을 터득하게 되었다. 이제 그는 더 차분하고, 긍정적인 마인드로 하루를 시작할 수 있게 되었다.

지영의 운동 루틴

지영은 직장에서의 스트레스로 인해 잠을 이루지 못하는 날이 많았다. 이를 해결하기 위해 그녀는 운동을 시작하기로 결심했다. 매일 저녁 퇴근 후 30분씩 조깅을 하며 지영은 스트레스를 해소하기 시작했다. 운동을 통해 몸의 피로를 풀고, 마음의 안정을 찾을 수 있었다. 몇 주 후, 지영은 더 활기차고 긍정적인 태도로 일상생활을 영위할 수 있게 되었다.

스트레스를 다스리는 방법에 대해 알아보자

스트레스를 효과적으로 관리하기 위해서는 다양한 방법과 전략을 실천하는 것이 중요하다. 다음은 스트레스를 다스리는 데 도움이 되는 방법이다.

명상과 호흡 운동

명상과 호흡 운동은 스트레스를 줄이고, 마음을 차분하게 하는 데 큰 도움이 된다. 매일 아침이나 저녁에 짧은 시간이라도 명상하며 마음을 가다듬어보자. 깊은 호흡을 통해 마음의 안정을 찾는 것도 좋은 방법이다. 예를 들어, 아침에 10분씩 조용한 곳에서 명상하거나, 깊은 호흡을 통해 마음을 차분하게 만드는 습관을 들이는 것이 좋다.

규칙적인 운동

운동은 스트레스를 해소하고, 정신적인 안정을 찾는 데 큰 도움이 된다. 규칙적인 운동은 몸의 긴장을 풀어주고, 스트레스 호르몬을 줄여준다. 하루에 30분씩 운동하는 습관을 들여보자. 예를 들어, 퇴근 후 조깅이나 요가 등 간단한 운동을 통해 몸과 마음의 피로를 풀어주는 것이 효과적이다.

긍정적인 자기 대화

자신에게 긍정적인 말을 건네는 습관을 들이자. "나는 할 수 있다", "모든 일이 잘 풀릴 것이다"와 같은 긍정적인 말을 반복하면 스트레스를 줄이고, 자신감을 높이는 데 도움이 된다. 예를 들어, 아침마다 거울 앞에서 긍정적인 자기 대화를 연습하는 것이 좋다.

취미 생활

자신이 좋아하는 취미를 즐기는 것도 스트레스를 해소하는 좋은 방법이다. 취미 활동을 통해 즐거움을 느끼고, 스트레스에서 벗어날 수 있다. 예를 들어, 독서, 그림 그리기, 음악 감상 등 자신이 즐기는 취미 활동을 규칙적으로 해보는 것이 좋다.

사회적 지지 활용

주변 사람들과의 대화와 지지는 스트레스를 줄이는 데 큰 도움이 된다. 친구나 가족과의 대화를 통해 자신의 감정을 표현하고, 도움을 받자. 예를 들어, 스트레스를 느낄 때 친구나 가족과 대화를 나누고, 그들의 지지를 받는 것이 효과적이다.

충분한 수면

충분한 수면은 스트레스 관리를 위해 매우 중요하다. 수면 부족은 스트레스를 더 악화시킬 수 있으므로 규칙적인 수면 습관을 유지하자. 예를 들어, 매일 같은 시간에 잠자리에 들고, 최소 7~8시간의 충분한 수면을 취하는 것이 좋다.

스트레스를 다스리는 것은 꾸준한 노력과 다양한 전략이 필요하다. 명상, 운동, 긍정적인 자기 대화, 취미 생활 등 다양한 방법을 실천함으로써 우리는 스트레스를 효과적으로 관리하고, 더 건강하고 행복한 삶을 살 수 있다. 이를 통해 우리는 더 큰 성취를 이룰 수 있다.

멀티태스킹,
어떻게 해야 할까?

한때 나는 멀티태스킹의 중요성을 간과했다. 여러 가지 일을 동시에 처리하면 효율적일 것이라고 생각했지만, 현실은 그렇지 않았다. 오히려 집중력이 떨어지고, 실수가 잦아졌다. "어떻게 하면 멀티태스킹을 효과적으로 할 수 있을까?"라는 질문이 나를 괴롭혔다. 이 질문에 답을 찾기 위해 다양한 방법을 시도해 보았다. 우선순위를 정하고, 하나의 작업에 집중하는 방법을 배우기 시작했다. 그 결과, 생산성이 높아지고, 더 나은 결과를 얻을 수 있었다. 이 경험을 통해 멀티태스킹의 올바른 방법을 배우게 되었다. 그러면서 나는 작업 사이에 충분한 휴식 시간을 가지는 것이 얼마나 중요한지도 깨닫게 되었다. 또한, 중요한 작업을 먼저 완료하고, 덜 중요한 작업은 나중에 처리하는 습관을 들이게 되었다.

지수의 멀티태스킹 개선

지수는 항상 여러 가지 일을 동시에 처리하느라 바빴다. 그러나 결과물의 질이 떨어지고, 스트레스가 쌓였다. 이를 해결하기 위해 지수는 우선순위를 정하고, 중요한 일부터 차근차근 처리하기로 했다. 하루의 시작에 중요한 일을 먼저 처리하고, 덜 중요한 일은 나중에 하는 방식으로 바꾸자, 그녀의 업무 효율이 크게 향상되었다. 이제 지수는 더 적은 시간에 더 많은 일을 효율적으로 처리할 수 있게 되었다.

민수의 집중력 훈련

민수는 한꺼번에 많은 일을 하려다 보니 실수가 잦았다. 이를 극복하기 위해 그는 한 가지 일에 집중하는 연습을 시작했다. 중요한 작업을 할 때는 방해 요소를 제거하고, 특정 시간 동안 그 일에만 집중했다. 이를 통해 그는 실수를 줄이고, 더 나은 결과를 얻을 수 있었다. 민수는 멀티태스킹 대신 단일 작업에 집중하는 것이 더 효과적이라는 것을 깨달았다.

멀티태스킹을 효과적으로 하는 방법에 대해 알아보자.

멀티태스킹을 효과적으로 하기 위해서는 다양한 전략을 활용하는 것이 중요하다. 다음은 멀티태스킹을 성공적으로 수행하기 위한 방법이나.

우선순위 정하기

하루를 시작하기 전에 중요한 목표를 설정하고, 우선순위를 정하자. 가장 중요한 일부터 처리함으로써 집중력을 유지할 수 있다. 예를 들어, 매일 아침 세 가지 주요 목표를 설정하고, 이를 달성하기 위해 집중적으로 노력하는 것이 좋다.

시간 블록 나누기

작업을 시간 블록으로 나누어 일정 시간 동안 하나의 작업에만 집중하자. 예를 들어, 25분 동안 집중해서 일하고, 5분 동안 휴식하는 포모도로 기법을 활용해 보자. 타이머를 설정하고, 집중 시간과 휴식 시간을 분명히 구분하여 활용하면 좋다.

작업 환경 정리

작업 환경을 정리하고, 방해 요소를 최소화하자. 깨끗하고 정돈된 환경에서 작업하면 더 높은 집중력을 유지할 수 있다. 예를 들어, 책상 위의 불필요한 물건을 치우고, 필요한 자료만 남겨두는 것이 효과적이다.

하나의 작업에 집중하기

한 번에 하나의 작업에 집중하는 습관을 들이자. 여러 가지 일을 동시에 처리하려 하지 말고, 중요한 작업에 집중하자. 예를 들어, 중요한 일을 할 때는 스마트폰을 무음으로 하고, 이메일 알림을 꺼두는 것이 좋다.

작업 간 전환 최소화

작업 간 전환을 최소화하자. 작업을 전환할 때마다 집중력이 분산되고, 생산성이 저하된다. 가능하면 한 가지 작업을 완료한 후에 다른 작업으로 이동하는 것이 좋다. 예를 들어, 하나의 프로젝트를 끝내기 전에 다른 프로젝트로 전환하지 않는 습관을 들이는 것이 효과적이다.

에너지 수준에 맞추어 작업 배치

에너지 수준에 맞추어 작업을 배치하자. 하루 중 에너지가 높은 시간대에는 복잡하고 창의적인 작업을, 에너지가 낮은 시간대에는 단순하고 반복적인 작업을 수행하는 것이 좋다. 예를 들어, 아침에 에너지가 높을 때 중요한 보고서를 작성하고, 오후에 에너지가 낮을 때 이메일을 처리하는 식으로 작업을 배치하면 효율성을 높일 수 있다.

중간 점검과 피드백

정기적으로 작업 진행 상황을 점검하고 피드백을 받자. 자신이 잘하고 있는지, 어떤 부분을 개선해야 하는지 점검하는 것이 중요하다. 예를 들어, 주간 리뷰를 통해 작업의 진척 상황을 평가하고, 필요한 경우 전략을 수정하는 것이 좋다.

멀티태스킹을 효과적으로 하기 위해서는 우선순위 설정, 시간 관리, 작업 환경 정리, 작업 간 전환 최소화, 에너지 수준에 맞춘 작업 배치, 중간 점검과 피드백 등 다양한 전략을 활용하는 것이 중요하다. 이러한 방법들을 실천함으로써 우리는 더 효율적으로 일하고, 더 나은 결과를 얻을 수 있다. 이를 통해 스트레스를 줄이고, 업무 효율을 높일 수 있다.

작은 성취를
즐겨라

나는 큰 목표를 이루기 위해 항상 열심히 노력했지만, 때로는 그 과정에서 작은 성취를 무시하곤 했다. 어느 날, 일상 속의 작은 성취가 얼마나 중요한지를 깨닫게 되었다. 작은 성취는 큰 목표를 향한 발판이 되며, 그 과정에서 느끼는 만족감과 기쁨이 나를 더욱 열정적으로 만들었다. 작은 목표를 달성할 때마다 느끼는 성취감은 나에게 큰 힘이 되었다. 예를 들어, 하루에 한 시간씩 독서를 하기로 한 목표를 달성했을 때의 기쁨은 그 자체로 큰 동기부여가 되었다. 이렇게 작은 성취를 즐기며, 나는 더 큰 목표를 향해 꾸준히 나아갈 수 있었다. 또한, 이러한 작은 성취들을 기록하고 되돌아보는 습관을 들이면서 자신감도 함께 키워나갈 수 있었다. 이러한 과정 속에서 나 자신을 더 깊이 이해하고 성장하는 기회를 얻었다.

미소의 작은 목표 달성

미소는 큰 프로젝트를 앞두고 부담감을 느꼈다. 그녀는 프로젝트를 작은 단계로 나누어 하나씩 달성하기로 했다. 매일 한 시간씩 자료를 조사하고, 중요한 내용을 정리하는 작은 목표를 세웠다. 매일 이 작은 목표를 달성할 때마다 성취감을 느꼈고, 결국 큰 프로젝트를 성공적으로 완수할 수 있었다. 미소는 작은 성취가 큰 목표를 이루는 데 얼마나 중요한지를 깨달았다.

 ## 민호의 운동 습관

민호는 체력 향상을 위해 매일 운동을 시작했다. 처음에는 큰 목표를 세우기보다는, 하루에 30분씩 꾸준히 운동하는 작은 목표를 세웠다. 매일 목표를 달성할 때마다 자신에게 작은 보상을 해주었고, 이를 통해 운동에 대한 동기부여를 유지할 수 있었다. 몇 달 후, 민호는 체력이 크게 향상되었음을 느낄 수 있었다. 그는 작은 성취를 즐기며 꾸준히 노력한 결과, 큰 변화를 이루게 되었다.

작은 성취를 즐기는 방법에 대해 알아보자.

작은 성취를 즐기는 것은 큰 목표를 이루기 위한 중요한 과정이다. 다음은 작은 성취를 즐기기 위한 방법이다.

작은 목표 설정하기

작은 목표를 설정하고 이를 달성함으로써 성취감을 느끼는 것이 중요하다. 큰 목표는 부담이 될 수 있지만, 작은 목표는 쉽게 달성할 수 있어 지속적인 동기부여를 제공한다. 예를 들어, 하루에 30분씩 운동하거나 매주 한 권의 책을 읽는 작은 목표를 설정해 보자. 이러한 작은 성취가 쌓이면 더 큰 목표를 이루는 데 도움이 된다.

성취 기록하기

작은 성취를 기록하고 시각적으로 확인하는 것이 성취감을 더 크게 느낄 수 있게 해준다. 목표 달성 체크리스트를 만들어 매일 점검해 보자. 성취를 기록하고 이를 확인하면 자신이 얼마나 많은 일을 해냈는지 알 수 있고, 이는 큰 동기부여가 된다.

자기 보상 주기

작은 목표를 달성했을 때 자신에게 보상을 주는 습관을 들이는 것도 좋다. 이러한 보상은 동기부여를 지속하는 데 큰 도움이 된다. 예를 들어, 목표를 달성했을 때 좋아하는 음식을 먹거나, 작은 선물을 자신에게 주는 방식으로 보상을 주자. 이는 목표 달성을 더욱 즐겁게 만들어준다.

긍정적인 자기 대화

자신에게 긍정적인 말을 건네는 습관을 들이자. 작은 성취를 축하하며 자신을 격려하는 것이 중요하다. 예를 들어, "나는 해냈어", "이 작은 성취가 나를 더 큰 목표로 이끌 거야"와 같은 긍정적인 말을 반복해 보자. 이는 자신감을 높이고, 지속적인 동기부여를 제공한다.

작은 성취 공유하기

작은 성취를 주변 사람들과 공유하는 것도 큰 도움이 된다. 이를 통해 더 큰 성취감을 느낄 수 있고, 주변 사람들의 격려도 받을 수 있다. 예를 들어, 친구나 가족과 자신의 성취를 공유하고, 함께 축하하는 것이 좋다. 이는 성취의 기쁨을 배가시키고, 더욱 열심히 노력하게 만든다.

꾸준히 실천하기

작은 성취를 꾸준히 실천하는 것이 중요하다. 작은 목표들을 꾸준히 달성하면서 점점 더 큰 성취를 이룰 수 있다. 예를 들어, 매일 조금씩이라도 목표를 향해 나아가는 습관을 들여보자. 꾸준한 실천은 결국 큰 성취를 이루는 데 큰 힘이 된다.

작은 성취를 즐기는 것은 큰 목표를 이루기 위한 중요한 과정이다. 작은 목표 설정, 성취 기록, 자기 보상, 긍정적인 자기 대화, 성취 공유, 꾸준한 실천 등을 통해 우리는 더 큰 성취를 향해 꾸준히 나아갈 수 있다. 이러한 작은 성취들이 모여 결국 큰 목표를 이루는 데 큰 힘이 된다.

3장

성공하는 사람들의
습관은 특별하다

성공하는 사람들이 일상에서 실천하는 특별한 습관을 소개한다. 작은 습관이 큰 변화를 만드는 원리, 스트레스 관리 방법, 사람들과 잘 지내는 법, 지속적인 학습과 성장 방법, 생산성을 높이는 습관, 꾸준히 목표를 성취하는 방법, 창의성을 키우는 방법 등을 다룬다.

일상 속 작은 습관이
큰 변화를 만든다

내 삶을 돌아보면, 큰 목표를 달성하기 위해 어떤 작은 습관들이 중요했는지 깨닫게 된다. 아침에 일찍 일어나는 습관, 매일 30분씩 독서하는 습관, 운동을 꾸준히 하는 습관 등이 나를 더 나은 사람으로 만들어 주었다. 이 작은 습관들은 하나하나 큰 변화를 끌어내며, 목표를 달성하는 데 중요한 역할을 했다. 작은 습관을 통해 나는 매일 조금씩 성장할 수 있었고, 그 결과 큰 성과를 이룰 수 있었다. 성공한 사람들이 어떻게 작은 습관을 통해 큰 변화를 끌어냈는지, 그리고 우리가 어떻게 이러한 습관을 실천할 수 있는지 알아보자. 작은 습관들이 쌓여 큰 성취를 이루는 과정을 통해 나는 인내와 꾸준함의 중요성을 배웠다. 또한, 이러한 습관들을 실천하며 얻은 성과들이 나에게 더 큰 도전과 목표를 향해 나아갈 수 있는 자신감을 심어주었다.

스티브 잡스의 아침 루틴

스티브 잡스는 매일 아침 같은 옷을 입는 것으로 유명했다. 이는 단순한 패션 선택이 아니라, 결정을 줄이고 더 중요한 일에 집중하기 위한 전략이었다. 잡스는 매일 아침 검정 터틀넥, 청바지, 뉴발란스 운동화를 신으며 결정을 최소화했다. 이 작은 습관은 그의 생산성을 높이고, 더 중요한 일에 집중할 수 있게 했다.

오프라 윈프리의 명상 습관

오프라 윈프리는 매일 아침 명상을 하는 습관을 지니고 있다. 그녀는 명상을 통해 마음의 평화를 찾고, 하루를 더 긍정적으로 시작할 수 있었다. 명상은 그녀에게 스트레스를 줄이고, 더 명확한 사고를 할 수 있게 도와주었다. 이 작은 습관은 그녀의 성공에 크게 이바지했다.

일상 속 작은 습관이 우리를 어떻게 변화시킬 수 있는지 알아보자.

일찍 일어나기

일찍 일어나는 습관은 하루를 더 길고 효율적으로 사용할 수 있게 한다. 매일 같은 시간에 일어나면 생체 리듬이 안정되고, 더 많은 시간을 효과적으로 활용할 수 있다. 아침 시간을 활용해 운동하거나, 독서하거나, 명상을 하면 하루를 더 긍정적으로 시작할 수 있다.

일찍 일어나는 습관을 들이기 위해서는 우선 규칙적인 수면 시간을 지키는 것이 중요하다. 매일 같은 시간에 잠들고, 같은 시간에 일어나도록 하자. 알람을 맞추어 일어나기보다는 자연스럽게 일어날 수 있도록 충분히 자는 것이 좋다. 아침에 일어나면 바로 일어나서 가벼운 스트레칭이나 산책을 하며 몸을 깨우자. 아침 시간을 활용해 계획을 세우거나, 조용한 시간을 가지며 하루를 준비하는 것도 큰 도움이 된다.

독서 습관

매일 30분씩 독서하는 습관을 들이면 지식의 폭이 넓어지고, 더 많은 아이디어를 얻을 수 있다. 독서는 단순히 정보를 얻는 것을 넘어서, 사고의 깊이를 더하고 창의력을 키울 수 있는 중요한 활동이다. 책을 가까이 두고 언제든지 읽을 수 있도록 하자.

독서 습관을 들이기 위해서는 우선 자신이 흥미를 느끼는 책을 선택하는 것이 중요하다. 책을 읽기 편한 장소와 시간을 정해 놓고, 매일 같은 시간에 독서하도록 노력하자. 독서 내용을 기록하거나, 중요한 부분에 밑줄을 그으며 읽는 것도 도움이 된다. 독서 후에는 내용을 요약하거나, 자신만의 생각을 정리해 보는 것도 좋다. 이러한 과정을 통해 독서는 단순한 습관을 넘어, 지적 성장을 위한 중요한 도구가 된다.

운동 습관

규칙적인 운동은 신체 건강뿐만 아니라 정신 건강에도 큰 도움이 된다. 매일 30분씩 걷기나 조깅, 스트레칭을 통해 몸을 움직이자. 운동은 스트레스를 줄이고, 더 많은 에너지를 얻게 해준다. 아침이나 저녁 시간에 꾸준히 운동하는 습관을 들이자.

운동 습관을 들이기 위해서는 우선 자신에게 맞는 운동을 찾는 것이 중요하다. 걷기, 조깅, 요가, 스트레칭 등 다양한 운동 중 자신이 즐길 수 있는 것을 선택하자. 운동 계획을 세우고, 매일 같은 시간에 운동하는 습관을 들이자. 운동을 시작하기 전에는 가벼운 스트레칭을 통해 몸을 풀어주고, 운동 후에는 충분한 휴식을 취하자. 운동을 즐기며 할 수 있도록 친구와 함께하거나, 음악을 들으며 운동하는 것도 좋은 방법이다.

명상과 마음 챙김

명상은 마음을 차분하게 하고 스트레스를 줄이는 데 도움이 된다. 하루에 10분씩 눈을 감고 호흡에 집중하는 시간은 마음의 평화를 찾는 데 큰 도움이 된다. 명상은 긴장된 마음을 풀어주고, 더 명확한 사고를 할 수 있게 도와준다.

명상 습관을 들이기 위해서는 조용한 장소와 시간을 정해 매일 같은 시간에 명상을 하자. 편안한 자세로 앉아 눈을 감고, 천천히 호흡하며 마음을 가라앉히자. 호흡에 집중하며 머릿속의 잡념을 비우고, 현재 순간에 집중하는 것이 중요하다. 명상은 짧은 시간이라도 꾸준히 하는 것이 중요하다. 명상 후에는 명상 중 느낀 점이나 떠오른 생각을 기록해 보는 것도 좋다. 이를 통해 마음의 평화를 찾고, 스트레스를 줄이며 더 나은 정신적 건강을 유지할 수 있다.

목표 설정과 성취 기록

작은 목표를 설정하고 이를 성취할 때마다 기록하자. 목표를 설정하고 달성하는 과정에서 성취감을 느끼고, 이는 더 큰 목표를 향한 동기부여가 된다. 성취 기록을 통해 자신이 얼마나 성장했는지 확인할 수 있다.

목표 설정과 성취 기록을 위해서는 우선 현실적이고 구체적인 목표를 설정하자. 목표를 달성할 수 있는 구체적인 계획을 세우고, 이를 실천하는 과정을 기록하자. 매일 작은 목표를 달성할 때마다 성취감을 느끼고, 이를 기록하는 것이 중요하다. 성취 기록을 통해 자신이 얼마나 성장했는지 확인하고, 더 큰 목표를 향한 동기부여를 얻자. 목표를 설정하고 이를 성취하는 과정을 통해 자신감을 얻고, 더 큰 성취를 이루어 나가자.

이와 같이, 일상 속 작은 습관들은 우리의 삶에 큰 변화를 불러올 수 있다. 작은 습관들이 모여 큰 목표를 이루는 데 중요한 역할을 한다는 점을 잊지 말자. 꾸준히 실천하여 더 나은 삶을 만들어 나가자.

스트레스를 효과적으로
관리하는 방법

삶을 살아가면서 스트레스를 완전히 피할 수는 없다. 하지만 이를 어떻게 관리하느냐에 따라 우리의 삶의 질은 크게 달라진다. 나는 한 때 스트레스를 제대로 관리하지 못해 건강에 문제가 생긴 적이 있었다. 그때 나는 스트레스 관리의 중요성을 절실히 깨달았다. 스트레스를 줄이기 위해 명상을 시작했고, 규칙적인 운동을 통해 몸과 마음을 단련했다. 또한, 책을 읽고 글을 쓰는 시간을 가지면서 내면의 평화를 찾았다. 이 경험을 통해 스트레스를 효과적으로 관리하는 것이 얼마나 중요한지를 깨달았다. 또한, 친구나 가족과의 대화를 통해 감정을 나누고 지지를 받는 것의 중요성도 알게 되었다. 이를 통해 나는 스트레스 상황에서도 긍정적인 마음가짐을 유지할 수 있게 되었고, 전반적인 삶의 질이 향상되었다.

아리아나 허핑턴의 명상과 수면 관리

허핑턴 포스트의 창립자 아리아나 허핑턴은 스트레스를 효과적으로 관리하기 위해 명상과 수면을 중요시한다. 그녀는 과로와 스트레스로 쓰러진 후, 자신의 생활 방식을 완전히 바꾸었다. 명상을 통해 마음의 평화를 찾고, 충분히 잠으로써 신체적, 정신적 건강을 회복했다. 그녀는 매일 저녁 스마트폰을 멀리하고, 조용한 독서나 명상을 하며 하루를 마무리한다.

 리처드 브랜슨의 자연 속에서 보내는 시간

버진 그룹의 창립자 리처드 브랜슨은 자연 속에서 시간을 보내는 것을 중요시한다. 그는 스트레스를 해소하기 위해 매일 자연 속에서 조깅하거나, 바다에서 수영을 즐긴다. 자연과 함께하는 시간은 그에게 큰 휴식을 제공하고, 마음의 평화를 찾는 데 도움이 된다.

구체적으로 실천할 방법에 대해 알아보자.

자연과 함께하는 시간 보내기

자연 속에서 시간을 보내는 것은 스트레스를 해소하는 데 큰 도움이 된다. 가까운 공원이나 숲, 바다로 나가 산책을 하거나, 조용한 곳에서 책을 읽어보자. 자연의 소리를 듣고, 신선한 공기를 마시며 마음을 정화

하는 시간을 가지자. 주말마다 자연 속에서 하루를 보내는 것도 좋은
방법이다.

창의적인 활동에 몰두하기

그림 그리기, 글쓰기, 음악 연주 등 창의적인 활동은 스트레스를 해소
하고, 내면의 에너지를 발산하는 데 큰 도움이 된다. 자신이 좋아하는
창의적인 활동을 찾아 매일 조금씩 시간을 투자해 보자. 이러한 활동들
은 스트레스를 줄이고, 창의력을 증진시킨다.

감정 일기 쓰기

감정을 기록하는 일기는 스트레스를 관리하는 효과적인 방법의 하
나다. 매일 저녁 하루 동안 느낀 감정들을 적어보자. 기쁨, 슬픔, 화남 등
모든 감정을 솔직하게 기록하고, 이를 통해 자신을 이해하는 시간을 가

지자. 감정 일기는 마음의 짐을 덜어주고, 스트레스를 해소하는 데 도움이 된다.

새로운 배움을 통해 성장하기

새로운 것을 배우는 것은 스트레스를 긍정적인 방향으로 전환하는데 도움이 된다. 새로운 언어를 배우거나, 요리 클래스를 듣거나, 온라인 강좌를 통해 새로운 기술을 배워보자. 새로운 배움은 도전 의식을 고취하고, 스트레스를 줄이는 데 도움이 된다.

사회적 활동에 참여하기

사회적 활동에 참여하는 것은 스트레스를 관리하는 데 큰 도움이 된다. 자원봉사 활동이나 동호회 모임 등에 참여해 새로운 사람들을 만나고, 긍정적인 에너지를 얻자. 사회적 활동은 스트레스를 줄이고, 더 큰 만족감을 느끼게 해준다.

스트레스를 효과적으로 관리하는 방법은 다양하다. 자연과 함께하는 시간 보내기, 창의적인 활동에 몰두하기, 감정 일기 쓰기, 새로운 배움을 통해 성장하기, 사회적 활동에 참여하기 등 다양한 방법을 통해 스트레스를 관리하고, 더 건강하고 행복한 삶을 살아가자.

사람들과
잘 지내는 방법

사람들과 좋은 관계를 맺는 것은 삶의 중요한 부분이다. 나는 한 때 대인 관계에서 어려움을 겪었지만, 작은 변화를 통해 사람들과 더 잘 지낼 수 있게 되었다. 그중 하나는 경청하는 법을 배우는 것이었다. 상대방의 이야기를 진심으로 듣고 공감해 주면, 관계가 훨씬 좋아졌다. 또 하나는 솔직하게 대화하는 것이었다. 감정을 숨기지 않고 솔직하게 표현함으로써 신뢰를 쌓을 수 있었다. 이러한 경험들은 나에게 사람들과 좋은 관계를 맺는 것이 얼마나 중요한지를 깨닫게 해주었다. 또한, 감사의 표현을 자주 하고 작은 배려를 실천하면서 인간관계를 더욱 돈독하게 만들 수 있었다. 이렇게 쌓인 신뢰와 유대감은 나에게 많은 힘과 행복을 가져다주었다.

오프라 윈프리의 경청과 공감

오프라 윈프리는 뛰어난 경청 능력으로 많은 사람들에게 사랑받는다. 그녀는 인터뷰 중 항상 상대방의 말을 끊지 않고 끝까지 듣는 모습을 보인다. 또한, 상대방의 감정을 공감하며 진심으로 이해하려는 태도를 보인다. 이러한 경청과 공감 능력은 그녀가 많은 사람들과 깊은 유대감을 형성하는 데 큰 역할을 했다.

리처드 브랜슨의 솔직한 소통

버진 그룹의 창립자 리처드 브랜슨은 솔직한 소통으로 유명하다. 그는 직원들과의 소통에서 항상 솔직하고 개방적인 태도를 유지한다. 브랜슨은 자신의 감정과 생각을 투명하게 표현함으로써 직원들과의 신뢰를 쌓아왔다. 이러한 소통 방식은 버진 그룹의 성공에 크게 이바지했다.

구체적으로 실천할 방법에 대해 알아보자.

경청의 기술 배우기

경청은 사람들과 좋은 관계를 맺는 데 필수적인 기술이다. 상대방의 말을 끝까지 듣고, 중간에 끼어들지 않는 습관을 들이자. 고개를 끄덕이거나 눈을 마주치는 등의 비언어적 소통을 통해 상대방에게 관심을 표현하자. 경청하는 동안에는 상대방의 감정에 공감하고, 이해하려는 태도를 보이는 것이 중요하다.

경청 기술을 실천하기 위해서는 우선 대화할 때 상대방에게 집중하는 것이 필요하다. 스마트폰이나 다른 방해 요소를 멀리하고, 온전히 대화에 몰입하자. 상대방이 말을 마칠 때까지 기다리고, 그 후에 자신의 의견을 말하는 습관을 들이자. 이러한 경청 태도는 상대방에게 신뢰를 주고, 더 깊은 대화를 끌어낼 수 있다.

솔직하고 투명한 소통

솔직한 소통은 신뢰를 쌓는 중요한 방법이다. 자신의 감정과 생각을 숨기지 말고 솔직하게 표현하자. 감정을 표현할 때는 비난이나 공격적인 언어를 피하고, 나의 감정을 설명하는 방식으로 말하자. 예를 들어, "너는 항상 늦어"라고 말하기보다는 "네가 늦을 때 나는 조금 서운해"라고 표현하는 것이 좋다.

솔직한 소통을 실천하기 위해서는 우선 자신을 솔직하게 바라보는 연습이 필요하다. 자신의 감정과 생각을 잘 이해하고, 이를 적절하게 표현하는 방법을 연습하자. 또한, 상대방의 솔직한 표현을 존중하고, 이를 받아들이는 태도를 가지자. 솔직한 소통은 서로의 신뢰를 강화하고, 더 건강한 관계를 만들어준다.

감정 조절하기

감정을 조절하는 능력은 사람들과의 관계에서 중요한 역할을 한다. 화가 나거나 슬플 때 감정을 과도하게 표현하는 대신, 차분하게 상황을 설명하고 해결책을 찾는 것이 좋다. 감정을 조절하는 능력은 연습을 통해 향상될 수 있다.

감정 조절을 실천하기 위해서는 먼저 자신의 감정을 인식하는 것이 중요하다. 감정을 인식한 후에는 깊게 호흡하며 마음을 진정시키고, 상황을 냉정하게 바라보자. 감정을 표현할 때는 상대방을 존중하는 태도를 유지하고, 해결책을 함께 모색하는 방식으로 접근하자.

긍정적인 피드백 주기

긍정적인 피드백은 상대방에게 동기부여를 주고, 좋은 관계를 유지하는 데 도움이 된다. 상대방의 좋은 점을 발견하고, 이를 칭찬하는 습관을 들이자. 긍정적인 피드백은 상대방에게 자신감을 주고, 더 나은 관계를 형성할 수 있게 해준다.

긍정적인 피드백을 실천하기 위해서는 우선 상대방의 행동이나 성과를 주의 깊게 관찰하자. 작은 변화나 노력도 놓치지 않고 칭찬하는 습관을 들이자. 칭찬할 때는 구체적으로 무엇이 좋았는지 설명하고, 진심으로 표현하는 것이 중요하다. 긍정적인 피드백은 관계를 강화하고, 서로에게 긍정적인 영향을 미친다.

꾸준한 관심과 배려

사람들과 좋은 관계를 유지하기 위해서는 꾸준한 관심과 배려가 필요하다. 상대방의 기념일이나 중요한 일정을 기억하고 축하해주거나, 힘든 시기에 따뜻한 말을 건네는 작은 배려가 큰 차이를 만든다.

꾸준한 관심과 배려를 실천하기 위해서는 우선 상대방의 상황과 감정을 이해하려는 노력이 필요하다. 상대방이 중요하게 생각하는 일을 함께 축하하거나, 어려운 상황에서 지지해 주는 태도를 가지자. 이러한 작은 배려들은 상대방에게 큰 감동을 주고, 더 깊은 유대감을 형성하게 해준다.

사람들과 잘 지내는 방법은 다양한 요소를 포함한다. 경청의 기술, 솔직한 소통, 감정 조절, 긍정적인 피드백, 꾸준한 관심과 배려 등을 실천하면 더 건강하고 행복한 대인 관계를 형성할 수 있다.

끊임없이 배우고
성장하는 방법

끊임없이 배우고 성장하는 것은 우리 삶의 중요한 부분이다. 나는 항상 새로운 것을 배우고자 하는 열망이 강했다. 책을 읽고, 강의를 듣고, 다양한 경험을 통해 내 지식을 확장하는 것이 내 삶의 원동력이 되었다. 이러한 배움의 과정은 나를 더 나은 사람으로 성장시켰고, 삶에 대한 만족감을 높여주었다. 매일 조금씩 배워가는 과정에서 나는 내 잠재력을 발견하고 있다. 그 결과, 나는 더 자신감 있고 열정적인 사람이 되었다. 또한, 다른 사람들과의 대화에서도 더 깊이 있는 대화를 나눌 수 있게 되었다. 배움의 기쁨은 나를 끊임없이 앞으로 나아가게 만드는 힘이 된다. 나는 배움의 여정을 통해 계속해서 성장하고 발전하고 있다.

빌 게이츠의 독서 습관

마이크로소프트의 공동 창립자 빌 게이츠는 매년 50권 이상의 책을 읽는 것으로 유명하다. 그는 독서를 통해 끊임없이 새로운 지식을 습득하고, 자기 생각을 확장해 나간다. 게이츠는 독서가 자신의 성공에 큰 영향을 미쳤다고 말하며, 독서를 통해 얻은 통찰력을 바탕으로 혁신적인 아이디어를 실현해 왔다.

 오프라 윈프리의 끊임없는 자기 계발

오프라 윈프리는 자신의 커리어를 성공적으로 이끌기 위해 끊임없이 배우고 성장하는 자세를 유지했다. 그녀는 다양한 강의를 듣고, 워크숍에 참석하며 새로운 지식을 습득했다. 또한, 자기계발서와 철학 서적을 읽으며 자신을 끊임없이 발전시켜 나갔다. 이러한 노력은 그녀를 오늘날의 성공으로 이끌었다.

구체적으로 실천할 수 있는 방법에 대해 알아보자.

독서 습관 기르기

독서는 가장 쉽게 접근할 수 있는 배움의 방법의 하나다. 매일 일정 시간을 정해 독서를 하며 지식을 확장하자. 자신이 흥미를 느끼는 분야의 책을 선택하고, 꾸준히 읽는 습관을 들이자. 독서 후에는 중요한 내용을 기록하거나, 자기 생각을 정리해 보는 것도 좋다.

전문가와의 네트워킹

전문가들과의 네트워킹을 통해 배움의 기회를 확대하자. 세미나나 워크숍에 참석해 전문가들의 강연을 듣고, 그들과의 대화를 통해 새로운 통찰을 얻을 수 있다. 또한, 멘토를 찾아 그들의 경험과 조언을 듣는 것도 큰 도움이 된다.

온라인 강좌 활용하기

인터넷을 통해 다양한 온라인 강좌를 들을 수 있다. K-MOOC, 클래스101, 에듀캐스트 등 다양한 플랫폼이 있다. 이러한 플랫폼에서 제공하는 강좌를 통해 새로운 기술이나 지식을 습득하자. 자신의 관심 분야에 맞는 강좌를 선택하고, 꾸준히 학습하는 것이 중요하다.

- K-MOOC : 한국형 온라인 공개강좌 플랫폼으로, 다양한 대학 강의를 무료로 제공한다. 전공과목부터 교양과목까지 다양한 주제를 다루고 있어 학문적인 지식을 쌓는 데 유용하다.
- 클래스101 : 다양한 분야의 전문가들이 제공하는 강좌를 통해 취미나 전문 기술을 배울 수 있다. 그림 그리기, 요리, 사진 촬영 등 다양한 주제를 다루고 있어 흥미를 끌 수 있다.

- 에듀캐스트 : 다양한 전문 분야의 강의를 제공하는 플랫폼으로, 직무 교육부터 자기 계발까지 다양한 강좌를 제공한다. 실무에서 바로 활용할 수 있는 유용한 지식을 쌓을 수 있다.

실습으로 배우기

이론만으로는 충분하지 않다. 배운 것을 실제로 적용해 보는 것이 중요하다. 새로운 기술을 배웠다면 프로젝트를 통해 실습해 보고, 피드백을 받아 개선해 나가자. 실습으로 얻은 경험은 이론 이상의 큰 가치를 가진다.

지속적인 자기반성

자기반성을 통해 자신의 배움과 성장을 점검하자. 정기적으로 자신의 목표를 돌아보고, 무엇을 배웠는지, 어떤 부분이 부족한지 평가해 보자.

이를 통해 새로운 목표를 설정하고, 지속적으로 성장할 수 있다.

다각적인 배움

한 가지 분야에만 국한되지 말고, 다양한 분야에서 배움을 추구하자. 예술, 과학, 철학 등 여러 분야의 지식을 습득하면 창의적인 사고와 문제 해결 능력이 향상된다. 다양한 관점을 통해 세상을 바라보는 시각을 넓히자.

끊임없이 배우고 성장하는 방법은 다양하다. 독서 습관 기르기, 온라인 강좌 활용하기, 전문가와의 네트워킹, 실습으로 배우기, 지속적인 자기반성, 다각적인 배움 추구 등을 통해 우리는 더 나은 자신으로 성장할 수 있다.

생산성을 높이는 데
필요한 습관

생산성을 높이는 것은 우리가 목표를 더 효율적으로 달성하고 삶의 질을 높이는 데 중요한 역할을 한다. 나는 한 때 많은 일을 동시에 처리하려다가 오히려 비효율적이라는 것을 깨달았다. 그러던 중 우선순위를 정하고 한 번에 한 가지 일에 집중하는 방법을 배우면서 생산성이 크게 향상되었다. 이러한 작은 변화들이 쌓여 더 많은 일을 더 효과적으로 해낼 수 있게 되었다. 또한, 작업 시간을 일정한 블록으로 나누고, 중간중간 충분한 휴식을 취하는 것이 집중력 유지에 큰 도움이 되었다. 아침에 가장 중요한 작업을 먼저 처리하는 습관을 들이면서 하루의 시작을 더 활기차게 만들 수 있었다. 마지막으로, 일을 끝낸 후에는 스스로에게 작은 보상을 주며 동기부여를 유지하는 방법도 생산성 향상에 크게 이바지했다.

팀 쿡의 아침 루틴

애플의 CEO 팀 쿡은 매일 새벽 4시에 일어나 이메일을 확인하고 운동을 시작한다. 그는 하루를 일찍 시작하여 가장 중요한 일들을 먼저 처리함으로써 생산성을 높인다. 또한, 팀 쿡은 운동을 통해 체력과 정신력을 강화하여 하루 종일 높은 에너지를 유지한다.

마크 저커버그의 단순한 옷차림

페이스북의 창립자 마크 저커버그는 매일 같은 옷을 입는다. 이는 옷을 선택하는 데 드는 시간을 줄이고, 더 중요한 결정에 집중할 수 있게 하기 위함이다. 저커버그의 단순한 옷차림은 그의 일상에서 불필요한 결정을 줄이고, 생산성을 높이는 데 큰 도움이 된다.

구체적으로 실천할 방법에 대해 알아보자.

우선순위 정하기

생산성을 높이기 위해서는 우선순위를 명확히 정하는 것이 중요하다. 모든 일을 한꺼번에 하려고 하기보다는 가장 중요한 일부터 처리하자. 이를 위해 매일 아침 우선순위 리스트를 작성하고, 가장 중요한 세 가지 일에 집중하자. 나머지 일들은 그 후에 처리하자.

우선순위를 정할 때는 긴급성과 중요성을 고려하자. 중요한 일이라도 긴급하지 않다면 차후로 미루고, 긴급하면서도 중요한 일에 먼저 집중하자. 이렇게 하면 더 효과적으로 시간을 사용할 수 있다.

시간 블록 기법 사용하기

하루를 시간 블록으로 나누어 계획하자. 블록마다 특정한 업무를 할당하고, 그 시간 동안에는 해당 업무에만 집중하자. 예를 들어, 아침 9시부터 11시까지는 이메일 확인 및 회신, 11시부터 1시까지는 프로젝트 작업 등으로 블록을 설정하자.

시간 블록 기법을 사용하면 업무 사이의 전환 비용을 줄일 수 있고, 집중력을 유지할 수 있다. 또한, 업무에 드는 시간을 명확히 파악할 수 있어 시간 관리에 큰 도움이 된다.

작업 환경 정리하기

작업 환경을 정리하는 것은 생산성을 높이는 데 중요한 요소이다. 정리된 공간은 집중력을 향상하고, 불필요한 스트레스를 줄여준다. 매일 작업을 시작하기 전에 책상과 주변을 정리하는 습관을 들이자.

작업 환경을 정리하기 위해서는 우선 불필요한 물건을 치우고, 필요한 물건만 남기자. 또한, 필요한 물건들은 사용하기 편리한 위치에 배치하고, 정리된 상태를 유지하자. 정기적으로 청소하고 정리하는 시간을 가지는 것도 좋은 방법이다.

휴식 시간 가지기

생산성을 높이기 위해서는 적절한 휴식이 필요하다. 너무 오래 일하면 집중력이 떨어지고, 효율성이 낮아진다. 일정 시간 동안 집중해서 일한 후에는 반드시 휴식 시간을 가지자. 예를 들어, 25분 동안 일한 후 5분간 휴식을 취하는 '포모도로 기법'을 사용해 보자.

휴식 시간에는 가벼운 스트레칭이나 산책을 하며 몸을 풀어주고, 머리를 식히자. 짧은 휴식은 재충전의 시간을 제공하며, 이후 업무에 더 높은 집중력을 발휘할 수 있게 한다.

목표 설정 및 성취 기록하기

명확한 목표를 설정하고, 그 목표를 달성하기 위한 계획을 세우자. 목표를 설정할 때는 SMART 원칙(Specific, Measurable, Achievable, Relevant, Time-bound)을 따르자. 목표를 달성했을 때 성취감을 느끼고, 이를 기록하며 동기부여를 유지하자.

목표를 설정한 후에는 그 목표를 이루기 위한 구체적인 계획을 세우고, 작은 단위로 나누어 실천하자. 목표를 달성할 때마다 성취감을 기록하고, 이를 통해 스스로에게 동기부여를 주자. 목표 달성 과정에서의 성취 기록은 자신감을 높이고, 지속적인 성장을 돕는다.

멀티태스킹 피하기

여러 가지 일을 동시에 하려고 하면 오히려 효율성이 떨어진다. 멀티태스킹을 피하고, 한 번에 한 가지 일에 집중하자. 집중력을 높이고, 업무의 질을 향상할 수 있다. 업무를 할 때는 방해 요소를 최소화하고, 한 가지 일에 몰두하는 습관을 들이자.

멀티태스킹을 피하기 위해서는 우선 작업 환경에서 방해 요소를 제거하고, 한 번에 하나의 작업에 집중하는 훈련을 하자. 중요한 일을 할 때는 스마트폰을 멀리하고, 방해받지 않도록 환경을 조성하자. 이렇게 하면 더 높은 집중력을 유지할 수 있다.

생산성을 높이는 데 필요한 습관은 다양하다. 우선순위 정하기, 시간 블록 기법 사용하기, 작업 환경 정리하기, 휴식 시간 가지기, 목표 설정 및 성취 기록하기, 멀티태스킹 피하기 등을 통해 우리는 더 효율적이고 만족스러운 삶을 살아갈 수 있다.

꾸준히 목표를
성취하는 방법

목표를 꾸준히 성취하는 것은 우리의 삶에 큰 변화를 불러올 수 있다. 나는 한 때 많은 목표를 세웠지만, 지속적으로 실행하지 못해 좌절감을 느낀 적이 있다. 그러던 중 작은 목표를 설정하고 이를 꾸준히 실천하는 방법을 배우면서 조금씩 변화하기 시작했다. 매일 조금씩 실천하는 작은 습관들이 쌓여 큰 목표를 이루는 데 큰 도움이 되었다. 또한, 목표를 세분화하여 구체적인 행동 계획을 세우는 것이 목표 달성에 매우 효과적이라는 것을 깨달았다. 주기적으로 진행 상황을 점검하고, 필요한 경우 계획을 수정하면서 유연하게 대처했다. 이러한 과정을 통해 나는 목표를 꾸준히 성취하는 데 필요한 인내와 꾸준함을 기를 수 있었고, 작은 성취들이 모여 큰 변화를 만들어냈다.

마라톤 완주

몇 년 전, 나는 마라톤을 완주하기로 결심했다. 처음에는 5km도 달리기 힘들었지만, 매일 조금씩 거리를 늘려갔다. 달리는 것이 힘들 때마다 작은 목표를 설정하고, 이를 하나씩 달성하며 자신감을 키웠다. 결국 1년 후, 나는 마라톤을 완주할 수 있었다. 작은 목표를 꾸준히 실천하는 것이 큰 목표를 달성하는 데 얼마나 중요한지를 깨닫게 된 경험이었다.

 ## 제임스 클리어의 원자 습관

제임스 클리어는 그의 저서 "원자 습관(Atomic Habits)"을 통해 작은 습관의 중요성을 강조한다. 클리어는 큰 목표를 이루기 위해서는 작은 행동의 꾸준한 실천이 필요하다고 주장한다. 그는 작은 습관들이 쌓여 큰 변화를 만들어낸다는 것을 다양한 사례를 통해 설명한다. 예를 들어, 매일 1%씩 나아지는 것이 1년 후에는 엄청난 성장을 이룰 수 있음을 강조한다.

구체적으로 실천할 방법에 대해 알아보자.

SMART 목표 설정하기

SMART 목표는 Specific(구체적), Measurable(측정 가능), Achievable(달성 가능), Relevant(관련성 있는), Time-bound(시간제한)이라는 다섯 가지

요소를 갖춘 목표다. 이러한 목표를 설정하면 더 명확하고 현실적인 계획을 세울 수 있다.

SMART 목표를 설정하기 위해서는 먼저 구체적이고 명확한 목표를 정하자. 예를 들어, "운동하기"라는 목표보다는 "매일 30분씩 조깅하기"처럼 구체적인 목표가 좋다. 목표의 진행 상황을 측정할 수 있는 기준을 정하고, 달성할 수 있으면서도 도전적인 목표를 세우자. 목표가 자신의 삶과 관련성이 있도록 하고, 달성 시한을 명확히 하자.

작은 단위로 나누기

큰 목표는 작은 단위로 나누어 실천하는 것이 효과적이다. 예를 들어, 책 한 권을 읽는 목표를 세웠다면 매일 몇 페이지씩 읽는 식으로 목표를 나누자. 작은 목표를 달성할 때마다 성취감을 느끼고, 이는 더 큰 목표를 향한 동기부여가 된다.

작은 단위로 나누기 위해서는 목표를 세분화하여 작은 단계로 나누자. 예를 들어, "한 달에 10kg 감량하기"라는 목표를 "매주 2.5kg 감량하기"로 나누고, 이를 다시 "매일 500g 감량하기"로 나누어 실천하자. 작은 목표를 하나씩 달성하면서 큰 목표에 다가갈 수 있다.

일관성 유지하기

목표를 꾸준히 성취하기 위해서는 일관성을 유지하는 것이 중요하다.

매일 같은 시간에 같은 행동을 반복함으로써 습관을 형성하자. 일관된 행동은 목표 달성에 큰 도움이 된다.

일관성을 유지하기 위해서는 규칙적인 스케줄을 정하고, 이를 철저히 지키는 습관을 들이자. 예를 들어, 매일 아침 6시에 운동을 하는 습관을 들이고, 이를 지속적으로 실천하자. 규칙적인 스케줄은 목표 달성의 일관성을 유지하는 데 큰 도움이 된다.

보상 체계 설정하기

목표를 달성했을 때 자신에게 보상을 주는 것은 동기부여를 유지하는 데 큰 도움이 된다. 작은 목표를 달성할 때마다 작은 보상을 주고, 큰 목표를 달성했을 때는 큰 보상을 주는 체계를 설정하자.

보상 체계를 설정하기 위해서는 목표 달성 후 받을 보상을 미리 정해 두자. 예를 들어, 매일 운동을 마친 후에는 좋아하는 음료를 마시거나, 한 달 동안 꾸준히 운동했다면 자신에게 작은 선물을 주자. 이러한 보상 체계는 목표 달성의 동기부여를 높이고, 지속적인 실천을 유도한다.

진전 기록하기

목표를 향한 진전을 기록하는 것은 동기부여를 유지하는 데 중요하다. 매일, 매주, 매월 목표를 향한 진전을 기록하고, 이를 시각적으로 확인하자. 진전 상황을 기록하면서 자신이 얼마나 성장했는지를 확인할 수 있다.

진전 기록을 위해서는 다이어리나 앱을 활용해 목표 달성 상황을 기록하자. 예를 들어, 운동 일지를 작성하거나, 학습 일정을 기록하는 앱을 사용해 목표 달성 상황을 시각적으로 확인하자. 이러한 기록은 목표 달성의 성취감을 높이고, 지속적인 동기부여를 제공한다.

피드백과 수정

목표 달성 과정에서 피드백을 받고, 필요한 경우 계획을 수정하자. 목표 달성이 어려운 경우, 원인을 분석하고, 이를 개선하기 위한 방법을 찾아보자. 피드백을 통해 목표 달성의 장애물을 극복할 수 있다.

피드백과 수정을 위해서는 정기적으로 자신의 목표 달성 상황을 점검하고, 필요할 때 계획을 수정하자. 예를 들어, 매주 목표 달성 상황을 리뷰하고, 필요한 경우 목표를 조정하거나 방법을 수정하자. 이러한 피드백과 수정 과정은 목표 달성의 성공 확률을 높인다.

꾸준히 목표를 성취하는 방법은 다양한 요소를 포함한다. SMART 목표 설정하기, 작은 단위로 나누기, 일관성 유지하기, 진전 기록하기, 보상 체계 설정하기, 피드백과 수정 등을 통해 우리는 목표를 더 효과적으로 달성할 수 있다.

창의성을
키우는 방법

창의성은 우리 삶을 풍부하고 흥미롭게 만드는 중요한 요소다. 나는 창의성이 부족하다고 느낀 적이 많았다. 특히, 반복적인 일상에서 새로운 아이디어를 떠올리는 것이 어려웠다. 그러던 중 다양한 경험을 통해 창의성을 키울 방법을 발견했다. 그림 그리기, 글쓰기, 새로운 곳을 여행하며 얻은 영감들이 내 창의력을 키우는 데 큰 도움이 되었다. 이러한 경험을 통해 창의성은 타고나는 것이 아니라 훈련과 경험을 통해 길러질 수 있다는 것을 깨달았다. 또한, 다른 사람들과의 대화와 협업을 통해 새로운 시각을 얻는 것이 창의성을 발휘하는 데 큰 도움이 되었다. 꾸준히 새로운 취미를 탐색하고 배움을 즐기는 태도가 창의성을 지속적으로 발전시키는 원동력이 되었다.

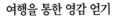

여행을 통한 영감 얻기

몇 년 전, 나는 창의적인 아이디어가 고갈된 느낌을 받았다. 그래서 일상에서 벗어나 새로운 영감을 찾기 위해 여행을 떠났다. 일본의 작은 마을에서 다양한 문화와 사람들을 접하면서 많은 아이디어를 얻을 수 있었다. 새로운 환경에서의 경험들은 내 사고의 틀을 깨고, 더 창의적인 아이디어를 떠올리게 해주었다. 여행을 통해 얻은 영감은 이후 내 작업에 큰 도움이 되었다.

스티브 잡스의 창의적인 사고

애플의 창립자 스티브 잡스는 창의성을 키우기 위해 다양한 분야에서 영감을 얻었다. 그는 동양 철학과 서예에 관심을 가지며, 이러한 경험들이 애플 제품 디자인에 큰 영향을 주었다. 잡스는 다른 분야의 지식을 접목해 새로운 아이디어를 만들어내는 능력을 키웠다. 그의 창의적인 사고방식은 애플의 혁신적인 제품들을 탄생시키는 원동력이 되었다.

구체적으로 실천할 방법에 대해 알아보자.

다양한 경험 쌓기

다양한 경험을 통해 새로운 아이디어를 얻는 것이 중요하다. 새로운 곳을 여행하거나, 새로운 취미를 시작해 보자. 다양한 경험은 우리의 사고를 확장하고, 새로운 시각을 제공해 준다. 예를 들어, 다른 나라의 문화를 경험하거나, 새로운 예술 활동을 해보는 것이 도움이 된다.

다양한 경험을 쌓기 위해서는 우선 일상에서 벗어나 새로운 것을 시도해 보자. 가까운 도시로 짧은 여행을 떠나거나, 새로운 취미 클래스를 등록해 보자. 이러한 경험들은 우리의 창의력을 자극하고, 새로운 아이디어를 떠올리는 데 큰 도움이 된다.

다양한 시각으로 문제 접근하기

창의성은 다양한 시각에서 문제를 바라볼 때 발휘된다. 기존의 사고 방식에서 벗어나 다른 관점에서 문제를 접근해보자. 예를 들어, 문제를 해결하기 위해 다른 분야의 지식을 적용해 보거나, 반대로 생각해 보는 연습을 해보자.

다양한 시각으로 문제 접근하기 위해서는 먼저 문제를 여러 관점에서 분석해 보자. 다른 사람들의 의견을 듣고, 다양한 해결책을 모색해 보자. 또한, 문제를 해결하기 위한 기존 방법을 뛰어넘어 새로운 방식을 시도해 보자. 이렇게 하면 창의적인 해결책을 찾는 데 큰 도움이 된다.

환경의 변화 주기

같은 환경에서 반복적인 일상을 보내면 창의력이 고갈되기 쉽다. 작업 환경에 변화를 주거나, 새로운 장소에서 일해보는 것이 도움이 된다.

예를 들어, 카페에서 작업을 하거나, 자연 속에서 영감을 얻는 것도 좋은 방법이다.

환경의 변화를 주기 위해서는 우선 자신의 작업 공간을 새롭게 꾸며보자. 새로운 장식이나 식물을 배치해 보거나, 작업 환경을 재정비해 보자. 또한, 정기적으로 새로운 장소에서 작업하거나, 자연 속에서 시간을 보내며 영감을 얻는 것도 좋은 방법이다.

브레인스토밍

브레인스토밍은 창의적인 아이디어를 떠올리는 데 효과적인 방법이다. 정해진 시간 동안 자유롭게 아이디어를 떠올리고, 이를 종이에 적어보자. 이 과정에서 떠오르는 모든 아이디어를 기록하고, 나중에 이를 정리하여 새로운 아이디어를 만들어보자.

브레인스토밍을 실천하기 위해서는 먼저 조용한 공간에서 시간을 정해두고, 자유롭게 생각을 펼쳐보자. 혼자서도 할 수 있지만, 팀과 함께하면 더 다양한 아이디어를 얻을 수 있다. 떠오르는 모든 아이디어를 적고, 이를 조합하거나 변형해 보며 새로운 아이디어를 만들어보자.

창의적인 환경 조성

창의적인 환경은 우리의 사고를 자극하고, 새로운 아이디어를 떠올리는 데 큰 도움이 된다. 작업 공간을 정리하고, 창의적인 도구나 영감을 주는 물건들로 꾸며보자. 밝은 조명과 편안한 분위기는 창의적인 사고를 촉진한다.

　창의적인 환경을 조성하기 위해서는 우선 작업 공간을 정리하고, 불필요한 물건을 치우자. 영감을 주는 책이나 그림, 창의적인 도구들을 가까이에 두고, 편안한 의자와 밝은 조명으로 작업 공간을 꾸미자. 이러한 환경은 우리의 창의력을 자극하고, 새로운 아이디어를 떠올리는 데 큰 도움이 된다.

규칙적인 휴식과 리프레시

지속적인 창의성을 유지하기 위해서는 규칙적인 휴식과 리프레시가 필요하다. 너무 오랜 시간 동안 집중해서 일하면 창의력이 떨어지기 쉽다. 일정한 시간 동안 집중해서 일한 후에는 반드시 휴식을 취하고, 새로운 활동으로 머리를 리프레시하자.

규칙적인 휴식과 리프레시를 위해서는 작업 시간과 휴식 시간을 명확히 구분하자. 휴식 시간에는 가벼운 운동이나 산책, 취미 활동을 통해 머리를 식히고, 재충전의 시간을 가지자.

창의성을 키우는 방법은 다양하다. 다양한 경험 쌓기, 다양한 시각으로 문제 접근하기, 환경의 변화 주기, 브레인스토밍, 창의적인 환경 조성, 규칙적인 휴식과 리프레시 등을 통해 우리는 더 창의적인 사고를 할 수 있다.

4장

성공 이야기에서
배운다

유명 기업가와 리더들의 성공 스토리와 비결을 소개한다. 실패에서 얻은 교훈, 창의적인 사람들의 특별한 생각법, 스타트업 창업자들의 도전기, 예술가들의 독창적인 성공 이야기, 사회적 기업가들의 감동적인 사례를 통해 독자들에게 영감을 준다.

유명 기업가들의
숨겨진 성공 비결

성공한 기업가들의 이야기에는 항상 배울 점이 많다. 그들의 성공 비결은 단순히 운이나 재능만으로 이루어진 것이 아니다. 끊임없는 노력, 독창적인 아이디어, 그리고 어려움을 극복하는 의지 등이 어우러져 만들어진 결과이다. 이번에는 몇몇 유명 기업가들의 성공 비결을 자세히 살펴보겠다.

스티브 잡스 (Steve Jobs)

애플(Apple)의 창립자 스티브 잡스는 혁신과 디자인의 아이콘으로 널리 알려져 있다. 그의 성공 비결은 몇 가지 핵심 원칙으로 요약할 수 있다.

잡스는 자신이 사랑하는 일을 찾고, 그 일을 지속적으로 추구하는 데 전념하였다. 그는 "당신의 시간이 제한되어 있으니, 다른 사람의 인생을 사느라 시간을 낭비하지 마라"라고 말하였다. 이는 자신의 열정을 찾고 그것을 끝까지 밀고 나가는 것이 얼마나 중요한지를 강조한 것이다. 잡스는 자신의 열정을 추구하는 과정에서 많은 어려움을 겪었지만, 그때마다 포기하지 않고 끈기 있게 노력하였다. 이러한 자세는 그가 혁신적인 제품을 만들어내는 원동력이 되었다.

잡스는 완벽을 추구하는 자세를 가지고 있었다. 그는 작은 디테일 하나까지 신경 썼다. 제품의 외관뿐만 아니라 내부 구조까지도 중요하게 생각하였다. 그는 "사용자가 보지 못하는 부분까지도 아름답게 만들어야 한다"라고 말하였다. 이는 단순히 겉으로 보이는 부분만이 아니라, 제품의 모든 요소가 최고 수준이어야 한다는 그의 철학을 보여준다. 잡스의 이러한 자세는 애플 제품이 고품질과 고급스러운 디자인으로 인정받게 만든 중요한 요소였다.

잡스는 혁신을 향한 끊임없는 노력을 게을리하지 않았다. 그는 항상 새로운 것을 시도하고, 기존의 한계를 넘어서고자 하였다. 잡스는 기존의 틀에 얽매이지 않고, 새로운 아이디어를 실현하기 위해 노력하였다. 이는 아이폰과 같은 혁신적인 제품을 탄생시켰고, 애플을 세계 최고의 기업으로 만드는 데 크게 이바지하였다. 그의 끊임없는 도전과 노력은 애플이 지금의 위치에 오르게 한 큰 원동력이었다.

이처럼 스티브 잡스의 성공 비결은 열정과 끈기, 완벽을 추구하는 자세, 그리고 혁신을 향한 끊임없는 노력에 있다. 이러한 요소들이 결합하여 잡스는 애플을 세계적인 기업으로 성장시킬 수 있었다. 그의 이야기는 우리에게 큰 영감을 주며, 우리가 목표를 향해 나아가는 데 중요한 교훈을 제공한다.

일론 머스크 (Elon Musk)

테슬라(Tesla)와 스페이스엑스(SpaceX)의 창립자 일론 머스크는 현대의 혁신가로 손꼽힌다. 그의 성공 비결은 몇 가지 핵심 원칙으로 요약할 수 있다.

머스크는 항상 큰 꿈을 꿨고, 이를 실현하기 위해 많은 위험을 감수하였다. 그는 전기차와 우주 탐사라는 새로운 분야에 뛰어들어 수많은 실패를 경험하였지만, 절대 포기하지 않았다. 테슬라를 시작할 때, 많은 사람들은 전기차가 주류가 될 것으로 생각하지 않았다. 하지만 머스크는 전기차가 환경을 보호하고 미래 교통의 혁신이 될 것이라는 확신이 있었다. 그는 많은 자금과 시간을 투자하며 여러 번의 실패를 겪었지만, 결국 테슬라는 전 세계에서 가장 영향력 있는 자동차 회사 중 하나로 성장하였다.

머스크는 자기가 모르거나 부족한 부분을 항상 배우고자 하였다. 그는 로켓 과학에 대해 전혀 알지 못했지만, 스페이스엑스를 시작하며 직접 공부하고 전문가들에게 배웠다. 초기에는 여러 차례의 로켓 발사 실패를 경험하였지만, 머스크는 포기하지 않고 계속해서 배웠다. 그는 "나는 문제를 해결하는 것을 좋아한다. 그래서 나는 항상 배우고자 한다"라고 말하였다. 이러한 학습 자세는 그가 다양한 분야에서 성공할 수 있게 만든 원동력이었다.

머스크는 항상 명확한 비전과 목표를 가지고 있었다. 그는 지속 가능한 에너지와 인류의 화성 이주라는 큰 목표를 가지고 이를 향해 끊임없이 나아갔다. 테슬라를 통해서는 전기차와 에너지 저장 솔루션을 제공하여 지속 가능한 에너지 미래를 구축하고자 하였고, 스페이스엑스를 통해서는 인류가 다른 행성에 거주할 가능성을 열고자 하였다. 이러한 명확한 비전과 목표는 머스크가 어려운 상황에서도 포기하지 않고 계속해서 도전할 힘이 되었다.

이처럼 일론 머스크의 성공 비결은 위험을 감수하는 용기, 끊임없는 학습, 그리고 명확한 비전과 목표에 있다. 이러한 요소들이 결합하여 머스크는 현대의 가장 혁신적인 기업가 중 한 명으로 자리매김할 수 있었다. 그의 이야기는 우리에게 큰 영감을 주며, 목표를 향해 나아가는 데 중요한 교훈을 제공한다.

제프 베조스 (Jeff Bezos)

아마존(Amazon)의 창립자 제프 베조스는 전자상거래의 제왕으로 불린다. 그의 성공 비결은 몇 가지 핵심 원칙으로 요약할 수 있다.

베조스는 항상 고객을 최우선으로 생각하였다. 그는 "가장 중요한 것은 고객 만족"이라고 말하며, 고객이 원하는 것을 제공하기 위해 끊임없이 노력하였다. 아마존의 모든 전략과 결정은 고객의 만족도를 높이는 것을 목표로 하였다. 예를 들어, 아마존은 빠른 배송 서비스인 '프라임'을 도입하여 고객들에게 높은 편리성을 제공하였다. 또한, 고객 리뷰 시스템을 통해 사용자들이 제품에 대해 신뢰를 할 수 있도록 하였다. 이러한 고객 중심의 사고는 아마존이 전 세계에서 신뢰받는 온라인 쇼핑 플랫폼으로 성장할 수 있었던 큰 이유 중 하나이다.

베조스는 단기적인 이익보다 장기적인 성장을 중요하게 생각하였다. 그는 초기 아마존이 큰 수익을 내지 못했을 때도 미래를 위한 투자를 아끼지 않았다. 초기에는 많은 사람들이 아마존의 비즈니스 모델에 대해 회의적이었지만, 베조스는 장기적인 관점에서 회사를 성장시키기 위해, 필요한 모든 투자를 감행하였다. 이는 고객 기반을 확장하고, 다양한 제품 카테고리를 추가하며, 혁신적인 기술을 도입하는 등의 전략으로 이어졌다. 이러한 긴 안목은 아마존을 세계적인 기업으로 성장시키는 데 중요한 역할을 하였다.

베조스는 데이터를 기반으로 한 의사결정을 중요하게 생각하였다. 그는 감정이나 직관보다는 철저한 데이터 분석을 통해 문제를 해결하고 전략을 수립하였다. 예를 들어, 아마존은 고객의 구매 패턴을 분석하여 개인화된 추천 시스템을 개발하였다. 이를 통해 고객들은 자신이 관심 있는 제품을 더욱 쉽게 찾을 수 있게 되었고, 이는 아마존의 판매 증가로 이어졌다. 베조스는 "우리는 데이터를 신뢰한다. 데이터는 항상 정직하다"라고 말하며 데이터 기반 의사결정의 중요성을 강조하였다.

이처럼 제프 베조스의 성공 비결은 고객 중심의 사고, 긴 안목, 그리고 데이터 기반의 의사결정에 있다. 이러한 요소들이 결합하여 베조스는 아마존을 세계에서 가장 영향력 있는 전자상거래 기업으로 성장시킬 수 있었다. 그의 이야기는 우리에게 큰 영감을 주며, 우리가 비즈니스를 운영하는 데 중요한 교훈을 제공한다.

오프라 윈프리 (Oprah Winfrey)

미디어 제국을 일군 오프라 윈프리는 자신의 삶을 통해 많은 사람들에게 영감을 주었다. 그녀의 성공 비결은 몇 가지 핵심 원칙으로 요약할 수 있다.

오프라는 항상 진정성을 중요하게 생각하였다. 그녀는 자신의 이야기를 솔직하게 나누며 많은 사람들에게 공감을 얻었다. 어린 시절의 가난과 학대, 그리고 여러 어려움을 겪으며 성장한 오프라는 이러한 경험을 숨기지 않고, 자신의 프로그램에서 솔직하게 이야기하였다. 이는 많은 사람들이 그녀에게 진정성 있는 인물로 느끼게 하였고, 그녀의 방송이 큰 인기를 끌 수 있었던 이유 중 하나가 되었다. 진솔한 이야기와 공감은 사람들의 마음을 움직였고, 이는 오프라의 성공을 이끄는 중요한 요소가 되었다.

오프라는 어려운 환경에서도 항상 긍정적인 태도를 유지하였다. 그녀는 "모든 어려움은 배울 기회다"라고 말하며, 실패를 두려워하지 않고 도전하였다. 오프라는 여러 차례의 실패와 좌절을 겪었지만, 이를 성장의 기회로 삼고자 하였다. 그녀의 긍정적인 태도는 주변 사람들에게도 큰 영향을 미쳤으며, 많은 사람들이 그녀를 본받아 어려움을 극복하고자 노력하였다. 오프라는 긍정적인 태도를 통해 어려운 상황에서도 희망을 잃지 않았고, 이는 그녀의 성공에 큰 도움이 되었다.

오프라는 자신의 성공을 나누고자 하는 마음이 컸다. 그녀는 많은 자선활동을 통해 사회에 이바지하며, 더 많은 사람들에게 도움을 주고자 하였다. 오프라는 자신이 받은 사랑과 관심을 다른 사람들과 나누기 위해 다양한 자선 프로젝트를 진행하였다. 그녀는 교육, 여성 권익, 빈곤 퇴치 등의 분야에서 적극적으로 활동하였으며, 이를 통해 많은 사람들에게 긍정적인 영향을 미쳤다. 오프라는 "성공은 자신만을 위한 것이 아니라, 다른 사람들과 나누어야 하는 것이다"라고 말하며, 나눔의 중요성을 강조하였다.

오프라 윈프리의 성공 비결은 진정성, 긍정적인 태도, 그리고 나눔의 정신에 있다. 이러한 요소들이 결합하여 오프라는 미디어 제국을 일구고, 많은 사람들에게 영감을 주는 인물이 될 수 있었다. 그녀의 이야기는 우리에게 큰 영감을 주며, 우리가 인생을 살아가는 데 중요한 교훈을 제공한다.

이처럼 성공한 기업가들의 비결은 다양하지만, 그들의 공통점은 열정, 끈기, 그리고 목표를 향한 명확한 비전이다. 이들의 이야기는 우리에게 큰 영감을 주며, 우리도 그들의 발자취를 따라갈 수 있도록 도와준다.

리더들이 들려주는
성공 스토리

성공한 리더들의 이야기는 우리에게 많은 영감을 주고, 인생의 중요한 교훈을 제공한다. 그들의 경험과 지혜는 우리 삶의 방향을 제시하며, 도전과 성장을 위한 길을 알려준다. 이번에는 다양한 분야의 리더들이 들려주는 성공 스토리를 통해 그들의 비결과 철학을 탐구해 보자.

넬슨 만델라 (Nelson Mandela)

남아프리카공화국의 초대 흑인 대통령 넬슨 만델라는 인종차별을 철폐하고 평화와 화합을 이룬 리더로 유명하다. 그의 성공 스토리는 강한 신념과 용기를 보여준다.

만델라는 인종차별에 맞서 싸우기 위해 27년간의 수감 생활을 견뎌 냈다. 감옥에서도 그는 자신의 신념을 잃지 않았고, 동료들에게 희망을 주며 지도자의 역할을 수행하였다. 그는 "용기는 두려움이 없는 것이 아니라, 두려움을 이겨내는 것이다"라고 말하였다. 그의 용기와 인내는 남아프리카공화국의 인종차별을 끝내는 데 큰 역할을 하였다.

만델라는 대통령에 당선된 후에도 복수심을 버리고, 화합과 용서를 강조하였다. 그는 "나 자신을 통제할 수 있는 사람만이 진정한 자유를 얻는다"라며, 내면의 평화와 용서의 중요성을 강조하였다. 그의 리더십은 단순한 정치적 성과를 넘어, 인류애와 평화의 상징으로 자리 잡았다.

마하트마 간디 (Mahatma Gandhi)

인도의 독립을 이끈 마하트마 간디는 비폭력 저항 운동으로 유명하다. 그의 성공 스토리는 비폭력과 평화의 힘을 보여준다.

간디는 영국의 식민지 통치에 맞서 비폭력 저항 운동을 이끌었다. 그는 "비폭력은 가장 강력한 무기이다"라고 말하며, 폭력 대신 평화적인 방법으로 독립을 쟁취하려 하였다. 간디의 리더십은 많은 사람들에게 영감을 주었고, 결국 인도는 독립을 이루게 되었다.

간디는 또한 소박한 삶을 통해 인류애를 실천하였다. 그는 물질적인 욕심을 버리고, 단순한 삶을 살았다. 그의 삶과 철학은 많은 사람들에게 깊은 인상을 주었으며, 오늘날에도 그의 가르침은 많은 이들에게 영향을 미치고 있다.

셰릴 샌드버그 (Sheryl Sandberg)

메타의 전 최고운영책임자(COO) 셰릴 샌드버그는 여성 리더십의 상징으로 불린다. 그녀의 성공 스토리는 여성들이 자신감을 가지고 리더십을 발휘할 수 있도록 독려한다.

샌드버그는 "Lean In(린 인)"이라는 책을 통해 여성들이 자신의 목소리를 내고, 주도적으로 행동할 것을 권장하였다. 그녀는 "여성이 직장에서 성공하기 위해서는 자신을 믿고, 주저하지 않고 앞으로 나아가야 한다"라고 말하였다. 그녀의 메시지는 많은 여성들에게 큰 힘과 용기를 주었다.

또한, 샌드버그는 개인적인 고통을 겪으면서도 이를 극복하고 다시 일어서는 모습을 보여주었다. 남편의 갑작스러운 죽음 이후, 그녀는 슬픔을 이겨내고 일에 복귀하였다. 그녀는 "삶은 우리가 예상치 못한 방식으로 흘러간다. 중요한 것은 우리가 그것을 어떻게 받아들이고 이겨내느냐이다"라고 말하며, 역경 속에서도 희망을 잃지 않는 모습을 보여주었다.

워렌 버핏 (Warren Buffett)

투자의 귀재로 불리는 워렌 버핏은 자신의 철학과 원칙을 지키며 성공한 리더이다. 그의 성공 스토리는 지속적인 학습과 원칙을 중시하는 자세를 보여준다.

버핏은 어릴 때부터 투자에 관심을 두고, 이를 평생의 업으로 삼았다. 그는 "투자는 단순히 돈을 버는 것이 아니라, 가치를 발견하고 그것을 키우는 것이다"라고 말하였다. 버핏은 단기적인 이익보다는 장기적인 가치를 중시하며, 철저한 분석과 신중한 결정을 통해 성공을 이루었다.

또한, 버핏은 끊임없는 학습을 강조하였다. 그는 "나는 여전히 매일 새로운 것을 배우려고 노력한다. 학습은 끝이 없다"라고 말하며, 평생 학습의 중요성을 강조하였다. 그의 이러한 자세는 그를 최고의 투자자로 만들었다.

이처럼 성공한 리더들의 이야기는 우리에게 많은 영감을 준다. 그들의 용기, 신념, 학습에 대한 열정, 그리고 인류애는 우리가 삶을 살아가는 데 중요한 가르침을 제공한다. 이들의 이야기를 통해 우리는 더 나은 미래를 꿈꾸며, 목표를 향해 나아갈 수 있는 힘을 얻을 수 있다.

실패에서 얻은
값진 교훈

성공한 사람들의 이야기를 듣다 보면 그들이 겪은 수많은 실패와 좌절을 발견할 수 있다. 실패는 우리를 성장하게 하는 중요한 요소이며, 이를 통해 얻은 교훈은 성공의 밑거름이 된다. 이번에는 여러 유명 인물이 실패를 어떻게 극복하고, 그 과정에서 어떤 값진 교훈을 얻었는지 살펴보자.

토머스 에디슨 (Thomas Edison)

전구를 발명한 토머스 에디슨은 실패를 두려워하지 않는 대표적인 인물이다. 에디슨은 전구를 발명하기까지 수천 번의 실험을 반복하였다. 그는 "나는 실패한 것이 아니다. 전구가 작동하지 않는 수천 가지 방법을 발견한 것이다"라고 말하였다. 에디슨의 이 말은 실패를 긍정적으로 받아들이고, 그것을 배움의 기회로 삼는 태도의 중요성을 잘 보여준다.

에디슨은 실패를 통해 다양한 방법을 시도하고, 최적의 결과를 도출하기 위해 끊임없이 노력하였다. 그는 실패를 두려워하지 않고 도전하였으며, 이를 통해 성공을 이룰 수 있었다. 에디슨의 이야기는 우리가 실패를 두려워하지 않고, 그 속에서 배움을 찾을 수 있도록 독려한다.

마이클 조던 (Michael Jordan)

농구의 전설 마이클 조던 역시 수많은 실패를 경험한 후에야 성공을 이룬 인물이다. 그는 고등학교 시절 농구팀에서 탈락한 경험이 있다. 이 경험은 그에게 큰 좌절을 안겨주었지만, 조던은 이를 극복하고 더 열심히 노력하였다. 그는 "나는 내 경력에서 9,000번 이상의 슛을 놓쳤다. 나는 거의 300경기에서 패배하였다. 나는 26번이나 결정적인 슛을 놓쳤다. 나는 계속해서 실패하였다. 그래서 나는 성공할 수 있었다"라고 말하였다.

조던의 이야기는 실패를 통해 배우고, 그것을 극복하기 위해 노력하는 것이 얼마나 중요한지를 보여준다. 그는 실패를 통해 자신을 더욱 단련하였고, 이를 통해 최고의 선수로 성장할 수 있었다.

J.K. 롤링 (J.K. Rowling)

해리포터 시리즈의 저자 J.K. 롤링도 실패를 통해 큰 성공을 이룬 대

표적인 사례이다. 그녀는 이혼 후 경제적으로 어려운 상황에서 해리포
터 시리즈를 집필하였다. 롤링은 "나는 실패의 맛을 보았다. 이는 예상
치 못한 자유를 주었다. 나는 내 인생의 가장 중요한 것들에 집중할 수
있었다"라고 말하였다.

롤링은 출판사들의 연이은 거절에도 불구하고 포기하지 않고 글을
쓰며, 결국 해리포터 시리즈로 세계적인 성공을 거두었다. 그녀의 이야
기는 실패가 때로는 새로운 기회를 제공하며, 우리의 삶을 재정비할 기
회가 될 수 있음을 보여준다.

스티브 잡스 (Steve Jobs)

애플의 창립자 스티브 잡스도 실패를 통해 큰 교훈을 얻은 인물이
다. 그는 자신이 창립한 애플에서 쫓겨나는 경험을 하였다. 잡스는 이
경험을 통해 겸손함을 배우고, 새로운 도전을 시작하였다. 그는 넥스트
(NeXT)와 픽사(Pixar)를 성공적으로 이끌며, 결국 다시 애플로 돌아와 아
이폰과 같은 혁신적인 제품을 출시하였다.

잡스는 "때때로 인생은 벽돌로 머리를 맞는 것 같다. 그러나 믿음을
잃지 마라"라고 말하였다. 그의 이야기는 실패가 때로는 새로운 도전과
성공의 기회가 될 수 있음을 보여준다. 실패를 통해 배우고, 그것을 발
판으로 삼아 다시 일어서는 것이 중요하다는 교훈을 준다.

헨리 포드 (Henry Ford)

자동차 산업의 선구자 헨리 포드 역시 실패를 통해 큰 성공을 이룬 인물이다. 포드는 처음 몇 번의 사업 시도에서 모두 실패를 경험하였다. 그러나 그는 포기하지 않고 계속해서 자동차 제조에 대한 열정을 이어 갔다. 결국 그는 포드 모터 회사를 설립하여 자동차 산업을 혁신하였다.

포드는 "실패는 단순히 다시 시작할 기회일 뿐이다. 이번에는 더 현명하게 시작하면 된다"라고 말하였다. 그의 이야기는 실패를 두려워하지 않고, 그것을 새로운 기회의 시작으로 받아들이는 자세의 중요성을 보여준다. 실패를 극복하고 끊임없이 도전하는 정신이 결국 그를 성공으로 이끌었다.

에이브러햄 링컨 (Abraham Lincoln)

에이브러햄 링컨은 미국의 16대 대통령으로, 그의 인생은 많은 실패와 좌절로 점철되었다. 그는 젊은 시절 여러 번의 사업 실패를 경험하였고, 정치 경력에서도 여러 차례 낙선하였다. 하지만 그는 절대 포기하지 않았다.

링컨은 "실패는 한낱 변명에 불과하다. 중요한 것은 실패 후에 다시 일어나는 것이다"라고 말하였다. 그는 실패를 통해 끊임없이 배우고 성장하였으며, 결국 미국의 대통령으로 당선되어 국가를 이끌게 되었다. 그의 리더십은 미국의 남북전쟁을 승리로 이끌었고, 노예 해방이라는 큰 업적을 이루게 하였다.

링컨의 이야기는 실패가 우리를 무너뜨릴 수 있지만, 그것을 극복하는 의지와 끈기가 더 중요하다는 것을 보여준다. 그는 실패를 통해 얻은 교훈을 바탕으로 더 나은 리더로 성장하였고, 이는 그의 성공에 큰 밑거름이 되었다.

스티븐 킹 (Stephen King)

세계적인 베스트셀러 작가 스티븐 킹은 초기 작가 생활에서 많은 거절을 당하였다. 그의 첫 소설 '캐리'는 수십 번의 출판사 거절을 겪었지만, 그는 포기하지 않았다. 결국 '캐리'는 출판되어 큰 성공을 거두었고, 스티븐 킹은 세계적인 작가로 자리매김하게 되었다.

킹은 "성공은 주어진 기회를 어떻게 활용하느냐에 달려 있다. 실패는 그 기회를 찾기 위한 과정일 뿐이다"라고 말하였다. 그의 끈기와 열정은 결국 그를 성공으로 이끌었다.

킹의 이야기는 실패를 극복하고 끊임없이 도전하는 자세가 중요하다는 것을 보여준다. 그는 실패를 통해 배움을 얻고, 이를 바탕으로 성공을 이룰 수 있었다. 그의 이야기는 우리에게 실패를 두려워하지 말고, 그것을 통해 성장할 기회로 삼으라는 중요한 교훈을 제공한다.

이처럼 다양한 인물들의 실패 이야기는 우리에게 많은 교훈을 준다. 실패는 우리의 삶에서 피할 수 없는 부분이지만, 이를 어떻게 받아들이고 극복하느냐에 따라 우리의 성공이 달라진다. 실패를 두려워하지 말고, 그 속에서 배움을 찾고 새로운 도전을 이어가는 것이 중요하다. 이러한 교훈을 통해 우리는 더 나은 미래를 향해 나아갈 수 있다.

창의적인 사람들의
특별한 생각법

창의적인 사람들의 생각법은 우리에게 많은 영감을 준다. 그들은 문제를 다르게 보고, 새로운 해결책을 찾는 능력을 갖추고 있다. 이번에는 창의적인 사람들의 특별한 생각법에 대해 자세히 살펴보자.

레오나르도 다 빈치 (Leonardo da Vinci)

르네상스 시대의 대표적인 인물 레오나르도 다 빈치는 예술가, 과학자, 발명가 등 여러 방면에서 창의성을 발휘하였다. 그의 특별한 생각법은 여러 측면에서 우리의 창의적인 사고를 자극한다.

먼저, 다 빈치는 관찰의 중요성을 강조하였다. 그는 자연, 사람, 동물 등 주변의 모든 것을 세밀하게 관찰하였다. 다 빈치는 "모든 지식은 감각에서 온다"라고 말하며, 관찰을 통해 얻은 정보가 그의 창의적인 아이디어의 원천임을 설명하였다. 예를 들어, 그는 자연에서 영감을 받아 비행기와 같은 발명품을 구상하였으며, 인체의 세부적인 구조를 탐구하여 해부학적 그림을 그렸다. 그의 작품 '모나리자'와 '최후의 만찬'에서도 볼 수 있듯이, 섬세한 관찰력은 그의 예술과 과학적 발견에 큰 영향을 미쳤다.

다음으로, 다 빈치는 다양한 분야에 대한 깊은 관심을 가졌다. 그는 예술뿐만 아니라 과학, 기계 공학, 해부학 등 여러 분야를 탐구하였다. 이러한 다방면에 관한 관심은 그가 새로운 아이디어를 얻고, 독창적인 생각을 발전시키는 데 큰 역할을 하였다. 다 빈치는 과학적 원리를 예술에 적용하여 현실감 넘치는 작품을 만들어내었고, 동시에 예술적인 시각을 과학과 공학에 도입하여 혁신적인 발명품을 구상하였다. 예를 들어, 그의 비행기 설계도는 새의 날개를 모방한 것으로, 자연과 기술의 융합을 보여준다.

또한, 다 빈치는 호기심과 끊임없는 질문을 통해 사물의 본질을 탐구하였다. 그는 항상 "왜?"라는 질문을 던지며, 사물의 원리와 작동 방식을 이해하려 노력하였다. 이러한 호기심은 그가 새로운 발견을 하고, 기존의 지식을 재해석하는 데 중요한 원동력이 되었다. 다 빈치는 호기심을 통해 얻은 지식을 바탕으로 자기 생각을 끊임없이 확장하고, 혁신적인 아이디어를 개발하였다. 그의 노트에는 수많은 질문과 탐구의 흔적이 남아있으며, 이는 그의 창의적인 사고 과정의 일면을 보여준다.

레오나르도 다 빈치의 창의적인 생각법은 우리의 사고방식을 확장하고, 새로운 관점을 제시하는 데 큰 도움을 준다. 그의 관찰력, 다방면에 관한 관심, 그리고 호기심과 질문을 통해 우리는 더 창의적이고 혁신적인 아이디어를 얻을 수 있다. 이러한 생각법은 단순히 예술과 과학에만 국한되지 않고, 우리의 일상생활과 직업에서도 큰 영감을 줄 수 있다. 다 빈치의 이야기는 우리가 창의적인 사고를 통해 더 나은 미래를 꿈꾸고, 이를 실현하기 위해 노력하는 데 중요한 교훈을 제공한다.

스티브 잡스 (Steve Jobs)

애플의 창립자 스티브 잡스는 혁신적인 제품을 통해 세상을 바꾼 인물이다. 그의 창의적인 생각법은 여러 측면에서 큰 영향을 미쳤으며, 그 중 몇 가지 핵심 원칙은 우리에게 많은 교훈을 준다.

먼저, 잡스는 단순함의 미학을 중요시하였다. 그는 복잡한 것을 단순하게 만드는 능력을 갖추고 있었다. 잡스는 제품 디자인에서 불필요한 요소를 과감히 제거하고, 단순하면서도 직관적인 사용자 경험을 제공하고자 하였다. 그는 "단순함은 궁극의 정교함이다"라고 말하며, 단순함 속에서 최고의 가치를 창출하고자 하였다. 이러한 철학은 애플의 다양한 제품, 특히 아이폰과 맥북의 디자인에서 잘 나타난다. 예를 들어, 아이폰은 버튼을 최소화하고, 화면과 터치 인터페이스를 강조함으로써 사용자가 직관적으로 제품을 사용할 수 있도록 설계되었다. 이러한 단순함의 미학은 애플 제품의 성공에 큰 역할을 하였다.

다음으로, 잡스는 경계를 넘나드는 사고를 통해 혁신을 이루었다. 그는 기술과 예술을 결합하여 새로운 가치를 창출하였다. 잡스는 단순히 기술적인 혁신에 그치지 않고, 예술적인 아름다움과 사용자 경험을 중요하게 생각하였다. 이러한 융합적인 사고는 아이폰, 아이패드와 같은 혁신적인 제품을 탄생시켰다. 그는 기술을 통해 예술적인 표현을 가능하게 하고, 예술을 통해 기술의 가치를 높였다. 예를 들어, 아이폰의 디자인은 기술적인 혁신과 함께 시각적으로도 아름다움을 추구하였다.

이러한 경계를 넘나드는 사고는 애플을 단순한 기술 회사가 아닌, 혁신과 예술의 아이콘으로 자리매김하게 하였다.

마지막으로, 잡스는 항상 고객의 경험을 최우선으로 생각하였다. 그는 제품을 사용하는 고객이 어떤 경험을 하게 될지를 고려하여 디자인하고 개발하였다. 잡스는 "고객은 자기가 무엇을 원하는지 모른다. 우리가 그들에게 보여주기 전까지는"이라고 말하며, 고객의 잠재된 요구를 파악하고 이를 충족시키는 데 집중하였다. 예를 들어, 애플 스토어의 디자인과 운영 방식은 고객에게 최상의 경험을 제공하기 위해 세심하게 설계되었다. 제품을 직접 체험하고, 질문에 즉각적인 답변을 받을 수 있는 환경을 제공함으로써, 고객 만족도를 높였다. 이러한 고객 중심의 사고는 애플 제품의 높은 만족도로 이어졌다.

스티브 잡스의 창의적인 생각법은 단순함의 미학, 경계를 넘나드는 사고, 그리고 고객 경험 중심의 철학으로 요약할 수 있다. 이러한 원칙들은 우리가 창의적으로 사고하고, 혁신적인 아이디어를 실현하는 데 중요한 교훈을 제공한다. 잡스의 이야기는 우리에게 단순함 속에서 깊이를 찾고, 다양한 분야를 융합하며, 항상 고객의 처지에서 생각하는 것이 얼마나 중요한지를 알려준다. 이러한 생각법을 통해 우리는 더 나은 미래를 향해 나아갈 수 있다.

살바도르 달리 (Salvador Dali)

초현실주의 화가 살바도르 달리는 독특하고 기발한 작품으로 유명하다. 그의 창의적인 생각법은 여러 측면에서 독창적인 예술 세계를 형성하였다.

먼저, 달리는 꿈과 무의식의 세계를 작품에 반영하였다. 그는 꿈속에서 본 이미지를 그림으로 표현하며, 현실과 비현실의 경계를 넘나드는 작품을 창조하였다. 달리는 "나는 꿈을 꾸지 않는다. 나는 꿈을 산다"라고 말하며, 꿈속에서 경험한 장면과 감정을 작품에 담아냈다. 그의 대표작인 '기억의 지속'은 녹아내리는 시계들을 통해 시간의 유동성과 비현실성을 표현하였다. 이러한 작품은 상상력과 창의성의 극치를 보여주며, 관람자에게 새로운 시각적 경험을 제공한다.

다음으로, 달리는 전통적인 예술의 틀을 벗어나 새로운 방식으로 표현하고자 하였다. 그는 일상적인 사물을 기이하게 변형시키거나, 불가능한 장면을 사실적으로 그려내는 등 독특한 표현 방식을 사용하였다. 예를 들어, 그의 작품 '코끼리'에서는 얇고 긴 다리를 가진 코끼리를 그려 현실에서 불가능한 모습을 사실적으로 표현하였다. 이러한 비전통적인 접근은 그의 작품을 독창적이고 창의적으로 만들었으며, 관람자에게 놀라움과 경이로움을 선사하였다.

마지막으로, 달리는 자신의 독특한 스타일을 확립하고, 이를 꾸준히 발전시켜 나갔다. 그는 "나는 나 자신을 표현하는 것이 중요하다"라고 말하며, 자신의 개성을 작품에 반영하였다. 그의 독특한 스타일은 많은 사람들에게 강한 인상을 남겼다. 달리는 긴 콧수염, 화려한 옷차림, 그리고 기발한 행동으로도 유명하며, 이는 그의 예술적 정체성과 일치하였다. 그는 자신의 작품뿐만 아니라, 자신을 하나의 예술 작품으로 만들어 갔다. 이러한 일관된 스타일과 개성은 그의 작품을 더욱 특별하고 독창적으로 만들었다.

살바도르 달리의 창의적인 생각법은 꿈과 무의식의 탐구, 비전통적인 접근, 그리고 자신만의 스타일 확립으로 요약할 수 있다. 이러한 요소들은 우리가 창의적으로 사고하고, 새로운 아이디어를 실현하는 데 중요한 교훈을 제공한다. 달리의 이야기는 우리가 전통의 틀을 벗어나 새로운 방식을 시도하고, 자신의 개성을 표현하는 것이 얼마나 중요한지를 알려준다. 그의 독특한 예술 세계는 우리에게 무한한 상상력과 창의성의 가능성을 보여준다. 이러한 생각법을 통해 우리는 더 나은 미래를 향해 나아갈 수 있다.

리처드 파인만 (Richard Feynman)

노벨 물리학상 수상자인 리처드 파인만은 창의적인 사고와 독특한 교육 방법으로 유명하다. 그의 특별한 생각법은 여러 측면에서 우리의 사고방식을 확장하고, 문제 해결에 대한 새로운 접근법을 제시한다.

먼저, 파인만은 항상 호기심을 가지고 새로운 것을 배우는 즐거움을 찾았다. 그는 "과학은 모르는 것을 알아가는 즐거움이다"라고 말하며, 호기심이 창의적인 사고를 이끄는 중요한 요소임을 강조하였다. 파인만은 어릴 때부터 주변의 모든 것에 대해 호기심을 가지고 탐구하였다. 그는 복잡한 문제를 단순한 질문으로 시작하여 답을 찾아가는 과정을 즐겼다. 이러한 호기심은 그가 새로운 발견을 하고, 과학적 원리를 깊이 이해하는 데 큰 역할을 하였다.

다음으로, 파인만은 문제를 해결할 때 기존의 틀에 얽매이지 않고 다르게 접근하였다. 그는 문제를 단순화하거나, 새로운 시각에서 바라보는 등의 방법을 통해 창의적인 해결책을 찾았다. 예를 들어, 그는 양자전기역학의 복잡한 문제를 단순한 다이어그램으로 설명하는 방법을 개발하였다. 이는 기존의 수학적 접근 방식보다 더 직관적이고 이해하기 쉬운 방식으로, 많은 물리학자에게 큰 도움이 되었다. 파인만은 문제를 해결할 때 항상 "다르게 생각하기"를 강조하였으며, 이를 통해 많은 혁신적인 아이디어를 제시할 수 있었다.

마지막으로, 파인만은 자신이 이해한 것을 다른 사람에게 설명하는 과정을 통해 더 깊이 이해하고, 새로운 아이디어를 얻었다. 그는 "누군가에게 설명할 수 없다면, 제대로 이해한 것이 아니다"라고 말하며, 설명과 소통의 중요성을 강조하였다. 파인만은 복잡한 과학적 개념을 학생들에게 쉽게 설명하는 능력으로 유명하였다. 그는 강의를 통해 자신이 이해한 내용을 학생들과 공유하고, 이를 통해 자신의 이해를 더욱 명확히 하였다. 또한, 설명 과정에서 새로운 질문과 아이디어가 떠오르기도 하였다. 파인만의 이러한 설명과 소통의 방식은 그의 교육 철학의 핵심이었으며, 많은 사람들에게 영감을 주었다.

리처드 파인만의 창의적인 생각법은 호기심과 즐거움, 문제를 다르게 보기, 그리고 설명의 중요성으로 요약할 수 있다. 이러한 원칙들은 우리가 창의적으로 사고하고, 새로운 아이디어를 실현하는 데 중요한 교훈을 제공한다. 파인만의 이야기는 우리가 항상 호기심을 가지고 배우며, 문제를 새로운 시각에서 바라보고, 이해한 것을 다른 사람과 공유하는 것이 얼마나 중요한지를 알려준다. 이러한 생각법을 통해 우리는 더 나은 미래를 향해 나아갈 수 있다.

이처럼 창의적인 사람들의 특별한 생각법은 우리에게 많은 영감을 준다. 그들의 호기심, 다양한 분야에 대한 관심, 문제를 다르게 보는 접근법 등은 우리가 창의적으로 사고하고 새로운 아이디어를 얻는 데 중요한 교훈을 제공한다. 이러한 생각법을 통해 우리는 더 나은 미래를 향해 나아갈 수 있다.

스타트업 창업자들의
생생한 도전기

스타트업 창업자들은 새로운 아이디어와 혁신적인 접근법으로 세상을 변화시키고 있다. 그들의 도전은 단순한 사업 창출을 넘어, 새로운 시장을 개척하고, 사람들의 삶을 개선하는 데 있다. 이번에는 몇몇 스타트업 창업자들의 생생한 도전기를 통해 그들의 열정과 노력을 자세히 살펴보자.

에번 스피겔 (Evan Spiegel) - 스냅챗(Snapchat)

에번 스피겔은 스냅챗의 공동 창립자이자 CEO로, 사진과 비디오를 일시적으로 공유하는 개념을 도입하여 소셜 미디어의 패러다임을 바꾼 인물이다. 스피겔의 도전기는 스타트업의 열정과 끈기를 잘 보여준다.

스피겔은 대학 시절 친구들과 함께 스냅챗을 개발하기 시작했다. 초기에는 '피카부(Picaboo)'라는 이름으로 출시되었으나 큰 주목을 받지 못했다. 그러나 스피겔은 포기하지 않고 피드백을 반영하여 앱을 개선하였다. 그는 사용자들이 사진과 비디오를 일시적으로 공유할 수 있는 기능을 추가하여, 이를 '스냅챗'으로 재브랜딩하였다.

스냅챗은 사용자들의 일상적인 순간을 자유롭고 부담 없이 공유할 수 있는 플랫폼으로 빠르게 인기를 끌었다. 특히 젊은 세대에게 큰 호응을 얻었고, 이는 스냅챗의 급성장으로 이어졌다. 스피겔은 "우리는 사람들이 순간을 포착하고, 이를 친구들과 공유하는 새로운 방법을 제공하고자 했다"라고 말하며, 스냅챗의 목표를 설명하였다.

스피겔의 도전기는 창업 초기의 실패와 좌절을 극복하고, 사용자 피드백을 반영하여 제품을 지속적으로 개선하는 과정에서 얻은 교훈을 잘 보여준다. 그의 이야기에서 우리는 끈기와 유연성이 스타트업 성공의 중요한 요소임을 배울 수 있다.

브라이언 체스키 (Brian Chesky) – 에어비앤비(Airbnb)

브라이언 체스키는 에어비앤비의 공동 창립자이자 CEO로, 여행 산업에 혁신을 가져온 인물이다. 체스키의 도전기는 기존의 시장을 재해석하고, 새로운 비즈니스 모델을 성공적으로 구축한 사례이다.

에어비앤비의 아이디어는 체스키와 그의 친구들이 샌프란시스코에서 열린 한 컨퍼런스 기간 동안 숙소가 부족하여 자신의 아파트를 빌려

주면서 시작되었다. 처음에는 단순히 임시 숙소를 제공하는 서비스였지만, 점차 전 세계 사람들이 자신들의 집을 여행자들에게 빌려주는 플랫폼으로 성장하였다.

체스키는 "우리는 여행을 더 개인적이고, 독특한 경험으로 만들고자 했다"라고 말하며, 에어비앤비의 비전을 설명하였다. 그는 전통적인 호텔 산업에 도전하며, 여행자들에게 더 많은 선택지를 제공하고, 호스트들에게는 추가 수입을 창출할 기회를 제공하였다.

에어비앤비는 초기에는 신뢰성과 안전성 문제로 많은 도전에 직면하였다. 그러나 체스키는 이러한 문제를 해결하기 위해 강력한 리뷰 시스템과 보안 정책을 도입하였다. 이는 사용자들이 에어비앤비를 신뢰하고 이용할 수 있게 했고, 결과적으로 큰 성공을 거두게 되었다.

체스키의 도전기는 기존의 시장을 새롭게 해석하고, 사용자 중심의 서비스를 제공함으로써 큰 성공을 이룬 사례이다. 그의 이야기는 창업자들이 새로운 아이디어를 실현하기 위해서는 혁신적인 사고와 강력한 실행력이 필요함을 보여준다.

다니엘 에크 (Daniel Ek) - 스포티파이(Spotify)

다니엘 에크는 음악 스트리밍 서비스 스포티파이의 공동 창립자이자 CEO로, 음악 산업에 혁신을 가져온 인물이다. 그의 도전기는 디지털 시대의 변화에 발맞춰 새로운 비즈니스 모델을 창출한 사례이다.

에크는 음악 불법 다운로드가 만연한 시대에 사용자들이 합법적으로 음악을 즐길 수 있는 방법을 고민하였다. 그는 "음악은 모든 사람의 삶에 중요한 부분을 차지한다. 우리는 사람들이 쉽게 음악에 접근할 수 있는 방식을 제공하고자 했다"라고 말하며, 스포티파이의 비전을 설명하였다.

스포티파이는 사용자들이 원하는 음악을 스트리밍으로 즉시 들을 수 있는 서비스를 제공하였다. 또한, 다양한 추천 알고리즘을 통해 사용자들이 새로운 음악을 발견할 수 있도록 하였다. 이러한 서비스는 사용자들에게 큰 호응을 얻었고, 스포티파이는 빠르게 성장하였다.

에크는 음악 산업의 기존 구조를 바꾸기 위해 많은 도전을 감행하였다. 그는 음반사들과의 협상에서 어려움을 겪었지만, 끈기 있게 협상하여 스포티파이의 라이브러리를 확장하였다. 이러한 노력은 스포티파이를 전 세계에서 가장 인기 있는 음악 스트리밍 서비스로 성장시키는 데 큰 역할을 하였다.

다니엘 에크의 도전기는 디지털 시대의 변화에 빠르게 대응하고, 혁신적인 서비스를 제공함으로써 성공을 이룬 사례이다. 그의 이야기는 창업자들이 새로운 시대의 요구에 맞추어 창의적이고 유연하게 대처하는 것이 중요함을 보여준다.

스튜어트 버터필드 (Stewart Butterfield) - 슬랙(Slack)

스튜어트 버터필드는 팀 협업 도구 슬랙의 공동 창립자이자 CEO로, 기업의 내부 커뮤니케이션 방식을 혁신한 인물이다. 그의 도전기는 실패를 딛고 성공을 이룬 사례로 주목받는다.

버터필드는 원래 온라인 게임 개발자였지만, 게임 개발 중 실패를 경험하였다. 그러나 그는 이 실패를 새로운 기회로 삼아 팀 협업 도구를 개발하기로 결심하였다. 그렇게 탄생한 것이 바로 슬랙이다. 그는 "우리는 팀이 효율적으로 협업할 수 있는 도구가 필요했다"라고 말하며, 슬랙의 개발 배경을 설명하였다.

슬랙은 직관적인 인터페이스와 다양한 통합 기능을 통해 팀원 간의 소통을 원활하게 하고, 업무 효율성을 크게 향상했다. 이는 많은 기업들이 슬랙을 채택하게 만든 요인이다. 슬랙은 출시 이후 빠르게 성장하여, 현재는 전 세계 수백만 명의 사용자를 보유하고 있다.

버터필드의 도전기는 실패를 극복하고 새로운 기회를 찾는 능력의 중요성을 잘 보여준다. 그의 이야기에서 우리는 실패가 끝이 아니라 새로운 시작이 될 수 있음을 배울 수 있다. 창업자들은 실패를 두려워하지 않고, 그 속에서 새로운 기회를 발견하는 것이 중요하다.

이처럼 스타트업 창업자들의 생생한 도전기는 우리에게 많은 영감을 준다. 그들의 열정, 끈기, 그리고 혁신적인 사고는 우리가 창의적이고 도전적인 삶을 살도록 독려한다. 이러한 이야기들은 우리가 더 나은 미래를 향해 나아가는 데 중요한 교훈을 제공한다.

예술가들의
독창적인 성공 이야기

예술가들의 성공 이야기는 그들의 독창적인 생각과 창의적인 접근법을 통해 새로운 길을 개척한 사례들로 가득하다. 이들의 이야기는 우리에게 영감을 주고, 창의적인 사고와 열정이 어떻게 놀라운 결과를 가져올 수 있는지를 보여준다. 이번에는 몇몇 예술가들의 독창적인 성공 이야기를 통해 그들의 여정을 자세히 살펴보자.

빈센트 반 고흐 (Vincent van Gogh)

빈센트 반 고흐는 오늘날 가장 유명하고 영향력 있는 화가 중 한 명이지만, 그의 생애 동안에는 거의 주목받지 못했다. 반 고흐의 성공 이야기는 그의 작품이 당시에는 이해받지 못했지만, 시간이 지나면서 그 가치를 인정받게 된 사례이다.

반 고흐는 평생 2,000점 이상의 작품을 남겼다. 그는 색채와 붓질을 통해 감정을 표현하는 데 탁월한 능력을 갖췄다. 그의 작품 '별이 빛나는 밤'은 그의 독창적인 스타일과 색채 사용을 잘 보여준다. 반 고흐는 자신의 감정과 내면세계를 그림에 담아내며, 자신만의 독특한 스타일을 발전시켰다.

그의 삶은 고난과 역경으로 가득했지만, 반 고흐는 절대 포기하지 않았다. 그는 "위대한 일은 작은 일들이 모여 이루어진다"라고 말하며, 끊임없이 작업에 몰두하였다. 비록 생전에는 큰 성공을 누리지 못했지만, 그의 작품은 사후에 크게 인정받아 오늘날까지 많은 사람들에게 영감을 주고 있다. 반 고흐의 이야기는 자신의 예술적 비전을 끝까지 추구하는 것이 얼마나 중요한지를 보여준다.

프리다 칼로 (Frida Kahlo)

프리다 칼로는 멕시코의 대표적인 여성 화가로, 그녀의 작품은 강렬한 색채와 상징적인 이미지로 가득하다. 칼로의 성공 이야기는 그녀의 개인적인 고통과 투쟁을 예술로 승화시킨 사례이다.

칼로는 어린 시절 소아마비를 앓았고, 18세 때 교통사고로 크게 다쳤다. 이 사고로 인해 평생 고통과 싸워야 했지만, 그녀는 자신의 고통을 작품에 담아내며 예술적 표현을 통해 치유하고자 했다. 칼로는 자신의 신체적, 정신적 고통을 솔직하게 표현하며, 자신의 경험을 작품으로 승화시켰다.

그녀의 대표작 '부러진 기둥'은 신체적 고통과 내면의 고통을 강렬하게 표현한 작품으로, 많은 사람들에게 깊은 인상을 주었다. 칼로는 자신의 작품을 통해 여성의 정체성과 권리를 주장하며, 페미니즘 운동에도 큰 영향을 미쳤다. 그녀의 독창적인 예술 세계는 많은 이들에게 영감을 주었고, 오늘날에도 많은 사람들이 그녀의 작품을 사랑하고 있다.

조지아 오키프 (Georgia O'Keeffe)

조지아 오키프는 미국의 대표적인 현대미술가로, 그녀의 작품은 대담한 색채와 독특한 구도로 유명하다. 오키프의 성공 이야기는 그녀의 독창적인 시각과 자연에 대한 깊은 이해를 통해 이뤄진 성취를 보여준다.

오키프는 꽃, 건물, 자연 풍경 등을 대담하고 추상적으로 그려내며,

독특한 예술적 스타일을 확립하였다. 그녀는 특히 꽃을 극도로 확대하여 그리는 방식으로 유명하다. 이는 작은 부분에서 큰 아름다움을 발견할 수 있는 그녀의 독창적인 시각을 잘 보여준다. 그녀의 대표작 '흰 꽃' 시리즈는 그녀의 이러한 스타일을 잘 보여준다.

오키프는 자연과 사물의 본질을 탐구하며, 이를 추상적인 형태와 색채로 표현하였다. 그녀는 "나는 내가 보는 것의 본질을 그리고자 한다. 그것이 무엇이든 간에"라고 말하였다. 이러한 접근 방식은 그녀의 작품을 독창적이고 상징적으로 만들었다.

오키프는 뉴멕시코 주의 사막 풍경에서 많은 영감을 받았다. 그녀는 그곳의 자연과 조화를 이루며, 작품에 자연의 아름다움과 평온함을 담아냈다. 그녀의 작품은 자연과 인간의 연결을 탐구하며, 많은 사람들에게 깊은 영감을 주었다.

야요이 쿠사마 (Yayoi Kusama)

일본의 현대미술가 야요이 쿠사마는 그녀의 독특한 작품으로 전 세계적으로 유명하다. 쿠사마의 성공 이야기는 그녀의 개인적인 투쟁과 예술적 비전을 통해 이뤄낸 놀라운 성취를 보여준다.

쿠사마는 어린 시절부터 환각과 강박증에 시달렸지만, 이러한 경험을 그녀의 예술에 담아내며 독특한 스타일을 발전시켰다. 그녀의 대표적인 작품은 '폴카 도트'와 '무한 거울 방' 시리즈로, 이는 그녀의 환각 경험과 내면세계를 반영한 것이다. 쿠사마는 "내 예술은 나의 생명이다"라고 말하며, 예술을 통해 자신의 감정과 경험을 표현하고자 하였다.

그녀의 작품은 반복적인 패턴과 강렬한 색채로 가득하며, 이는 관람자에게 깊은 인상을 남긴다. 쿠사마의 독창적인 예술 세계는 많은 사람들에게 영감을 주었으며, 그녀는 현대미술의 중요한 인물로 자리매김하였다.

이처럼 예술가들의 독창적인 성공 이야기는 그들의 창의적인 생각과 열정, 그리고 끊임없는 도전을 통해 이루어진 것이다. 이들의 이야기는 우리에게 예술적 비전을 끝까지 추구하는 것이 얼마나 중요한지를 보여준다. 또한, 창의적인 사고와 열정이 어떻게 놀라운 결과를 가져올 수 있는지를 알려주며, 우리에게 더 나은 미래를 향해 나아갈 수 있는 영감을 제공한다.

사회적 기업가들의
감동적인 성공 사례

사회적 기업가들은 단순히 이윤 추구를 넘어서, 사회적 문제를 해결하고 긍정적인 변화를 일으키기 위해 노력한다. 이들의 성공 이야기는 우리에게 깊은 감동을 주며, 인류애와 공동체 정신의 중요성을 상기시켜준다. 이번에는 사회적 기업가들의 감동적인 성공 사례를 통해 그들의 헌신과 노력을 자세히 살펴보자.

무하마드 유누스 (Muhammad Yunus) - 그라민 은행(Grameen Bank)

무하마드 유누스는 빈곤층을 위한 소액 금융의 선구자로, 그라민 은행의 창립자이다. 그의 성공 이야기는 금융 접근이 어려운 사람들에게 경제적 자립의 기회를 제공한 사례로 잘 알려져 있다.

유누스는 방글라데시에서 경제학 교수로 일하던 중, 많은 사람들이

극심한 빈곤 속에서 살고 있는 현실을 목격하였다. 그는 빈곤 문제를 해결하기 위해 소액 대출을 제공하는 그라민 은행을 설립하였다. 이 은행은 보증 없이도 대출을 제공하며, 주로 여성과 소외된 계층을 대상으로 하였다.

유누스는 "가난한 사람들에게 기회를 주면, 그들은 자신의 삶을 개선할 수 있다"라고 말하며, 소액 금융의 중요성을 강조하였다. 그라민 은행은 많은 사람들에게 경제적 자립의 기회를 제공하였고, 이를 통해 많은 이들이 빈곤에서 벗어날 수 있었다. 유누스의 노력은 세계적으로 인정받아, 그는 2006년 노벨 평화상을 수상하였다.

유누스의 성공 이야기는 작은 금융 지원이 큰 변화를 불러올 수 있음을 보여준다. 그의 이야기는 사회적 기업가들이 사회적 문제를 해결하기 위해 어떤 노력을 기울여야 하는지에 대한 중요한 교훈을 제공한다.

블레이크 마이코스키 (Blake Mycoskie) – 탐스(TOMS)

블레이크 마이코스키는 탐스(TOMS) 신발 회사의 창립자로, '원 포 원 One for One' 모델을 통해 사회적 기업의 새로운 패러다임을 제시하였다. 그의 성공 이야기는 단순한 소비가 사회적 기여로 이어질 수 있음을 보여준다.

마이코스키는 아르헨티나 여행 중 많은 어린이가 신발이 없어 고통받는 모습을 보고, 신발을 기부하는 사업 모델을 구상하였다. 그는 탐스를 설립하고, 한 켤레의 신발을 판매할 때마다 한 켤레를 기부하는 '원 포 원' 모델을 도입하였다. 이 모델은 소비자들에게 큰 호응을 얻었고, 탐스는 빠르게 성장하였다.

마이코스키는 "작은 행동이 큰 변화를 불러올 수 있다"라고 말하며, 소비자들이 자신의 소비를 통해 사회에 이바지할 수 있는 기회를 제공하고자 하였다. 탐스는 지금까지 수백만 켤레의 신발을 전 세계 어린이들에게 기부하였으며, 이에 따라 많은 어린이가 건강하고 안전하게 생활할 수 있게 되었다.

마이코스키의 성공 이야기는 기업이 사회적 책임을 다하는 동시에 성공할 수 있음을 보여준다. 그의 이야기는 사회적 기업가들이 어떻게 소비자들과 협력하여 사회적 문제를 해결할 수 있는지에 대한 중요한 교훈을 제공한다.

제시카 잭리 (Jessica Jackley) – 키바(Kiva)

제시카 잭리는 키바(Kiva)의 공동 창립자로, 전 세계 소액 대출을 통해 소외된 계층의 경제적 자립을 돕고 있다. 그녀의 성공 이야기는 기술을 통해 사회적 문제를 해결하는 데 있어 중요한 사례이다.

잭리는 아프리카에서 자원봉사를 하던 중, 많은 사람들이 작은 자본만 있으면 자립할 기회를 얻을 수 있음을 깨달았다. 그녀는 온라인 플랫폼을 통해 전 세계 사람들이 소액 대출을 제공할 수 있는 키바를 설립하였다. 키바는 대출자와 후원자를 연결하여, 자립을 원하는 사람들이 자금을 모을 수 있도록 돕는다.

잭리는 "모든 사람에게 기회를 제공하는 것이 중요하다"라고 말하며, 소액 대출을 통해 사람들의 삶을 변화시키고자 하였다. 키바는 지금까지 수백만 달러의 대출을 통해 많은 사람들이 경제적 자립을 이루는 데 도움을 주었다. 잭리의 노력은 기술을 활용하여 사회적 문제를 해결하는 데 크게 이바지하였다.

잭리의 성공 이야기는 기술과 창의적인 아이디어가 어떻게 사회적 변화를 끌어낼 수 있는지를 보여준다. 그녀의 이야기는 사회적 기업가들이 기술을 활용하여 더 나은 세상을 만드는 데 어떤 노력을 기울여야 하는지에 대한 중요한 교훈을 제공한다.

이처럼 사회적 기업가들의 감동적인 성공 사례는 우리에게 깊은 영감을 준다. 그들의 열정과 헌신, 그리고 창의적인 접근법은 사회적 문제를 해결하고, 긍정적인 변화를 일으키는 데 크게 기여를 하고 있다. 이러한 이야기들은 우리가 더 나은 미래를 향해 나아가는 데 중요한 교훈을 제공한다.

5장

성공을 위한 실전 전략은
이렇게 세운다

목표를 이루기 위한 구체적인 계획 세우기, 다양한 문제 해결 접근법, 자원 관리와 팀워크, 꾸준한 성장을 위한 전략, 효과적인 소통과 갈등 해결, 리스크 관리와 대응, 성과 측정 및 평가 방법을 다룬다. 실전에서 적용 가능한 전략을 통해 독자들이 목표를 달성할 수 있도록 돕는다.

목표를 이루기 위한
구체적인 계획 세우기

성공은 단순한 운이나 우연의 결과가 아니다. 목표를 명확히 설정하고 이를 이루기 위한 계획을 세우는 것이 성공의 첫걸음이다. 목표가 명확할 때 우리는 방향을 잃지 않고 꾸준히 앞으로 나아갈 수 있다. 명확한 목표는 동기부여와 집중력을 높인다. 목표가 구체적일수록 우리는 더 큰 열정과 의지를 두고 도전할 수 있다.

목표를 설정할 때 추상적이거나 막연한 목표는 피하는 것이 중요하다. 예를 들어 "성공하고 싶다"라는 목표보다는 "6개월 안에 영어를 유창하게 말할 수 있게 된다"와 같이 구체적이고 측정할 수 있는 목표를 설정해야 한다. 목표는 현실적이어야 하며, 자신이 가진 자원과 능력에 맞게 설정해야 한다.

장기 목표와 단기 목표를 분리하는 것도 중요한 전략이다. 장기 목표는 큰 그림을 그리는 데 도움이 된다. 하지만 큰 목표를 이루기 위해서는 이를 작은 단기 목표로 나누어야 한다. 예를 들어, 5년 안에 자신의 사업을 시작하고 싶다면, 이를 위해 매년, 매월, 매주 달성해야 할 작은 목표를 세우는 것이 중요하다.

SMART 목표 설정법은 Specific(구체적), Measurable(측정 가능), Achievable(달성 가능), Relevant(관련성), Time-bound(시간제한)이라는 다섯 가지 요소를 포함한다. 이 방법을 통해 명확하고 구체적인 목표를 설정할 수 있다. 예를 들어, "체중을 줄인다"보다는 "3개월 안에 5kg을 줄인다"처럼 구체적으로 설정하는 것이 좋다. 목표는 측정할 수 있어야 하며, "더 건강해진다"보다는 "매일 30분씩 운동한다"처럼 측정할 수 있어야 한다. 목표는 현실적으로 달성할 수 있어야 하며, 너무 높은 목표는 오히려 좌절감을 줄 수 있다. 목표는 자신의 가치와 관련성이 있어야 하며, 자기 삶에 의미가 있는 목표를 설정하는 것이 중요하다. 마지막으로 목표에는 시간제한이 있어야 한다. "언젠가"가 아니라 "3개월 안에"처럼 구체적인 시간을 설정하는 것이 필요하다.

목표를 설정한 후에는 이를 이루기 위한 구체적인 실행 계획을 세우는 것이 중요하다. 큰 목표를 작고 구체적인 단계로 나누어 각 단계를 차근차근 실행해 나가는 것이 필요하다. 예를 들어, "매일 1시간씩 영어 공부를 한다"와 같은 구체적인 행동 계획을 세우는 것이 좋다. 목표를 이루기 위해서는 일일, 주간, 월간 계획을 세우는 것이 중요하다. 매일 해야 할 일, 주간 목표, 월간 목표를 명확히 설정하고 이를 실천하는 것이 필요하다. 이를 통해 지속적으로 목표를 향해 나아갈 수 있다.

계획을 실행하면서 주기적으로 진척 상황을 점검하고 필요에 따라 계획을 조정하는 것도 중요하다. 계획이 현실과 맞지 않거나 상황이 변할 경우, 유연하게 계획을 수정하는 것이 필요하다. 주기적인 점검을 통해 목표에 얼마나 가까워졌는지 확인하고, 필요한 조치를 하는 것이 중요하다.

목표를 명확히 설정하고 구체적인 계획을 세우는 것이 얼마나 중요한지 이해하기 위해, 실제로 성공을 이룬 사람들의 사례를 살펴보는 것은 큰 도움이 된다. 일론 머스크와 J.K. 롤링의 사례를 통해 그들이 어떻게 목표를 설정하고 달성했는지 알아보자.

일론 머스크와 스페이스X

초기 목표 설정

일론 머스크는 어릴 때부터 우주에 대한 큰 관심이 있었다. 그는 인류가 화성에 거주할 수 있는 환경을 만드는 것을 목표로 삼았다. 이 목표는 매우 원대하고 도전적인 것이었지만, 머스크는 이를 현실로 만들기 위해 구체적인 단기 목표들을 설정했다.

구체적인 단기 목표

첫 번째 단기 목표는 로켓 재활용 기술을 개발하는 것이었다. 기존의 우주 로켓은 한 번 사용하고 나면 폐기되는 것이 일반적이었다. 하지만 머스크는 로켓을 재사용할 수 있다면 우주 탐사의 비용을 획기적으로 줄일 수 있다고 생각했다. 이를 위해 스페이스X는 로켓 발사 후, 로켓의 첫 번째 단을 지구로 다시 착륙시키는 기술을 개발하기 시작했다.

계획과 실행

머스크와 스페이스X 팀은 수많은 실패를 겪었지만, 실패에서 배운 점을 바탕으로 계속해서 개선해 나갔다. 수많은 실험과 테스트 끝에 마침내 2015년, 스페이스X는 첫 번째로 로켓을 성공적으로 지구에 착륙시키는 데 성공했다. 이에 따라 우주 탐사의 비용을 크게 절감할 수 있게 되었고, 스페이스X는 화성 탐사라는 장기 목표에 한 걸음 더 다가설 수 있었다.

결과

스페이스X는 지속적으로 로켓 재활용 기술을 개선하고 있으며, 현재는 여러 차례 재사용 가능한 로켓을 통해 우주 탐사와 위성 발사를 성공적으로 수행하고 있다. 머스크의 구체적이고 현실적인 단기 목표 설정과 끊임없는 도전이 큰 성공을 이루게 한 중요한 요인이 되었다.

J.K. 롤링과 해리포터 시리즈

초기 목표 설정

J.K. 롤링은 '해리포터' 시리즈를 통해 세계적으로 유명한 작가가 되었다. 그러나 그녀의 성공은 하루아침에 이루어진 것이 아니었다. 롤링은 싱글맘으로서 경제적인 어려움을 겪으며 글쓰기를 시작했다. 그녀의 초기 목표는 '해리포터와 마법사의 돌'이라는 첫 번째 책을 완성하고 출판하는 것이었다.

구체적인 단기 목표

롤링은 매일 일정한 시간 동안 글을 쓰는 습관을 들였다. 그녀는 매일 최소한 몇 페이지씩 글을 쓰기로 다짐했고, 이를 꾸준히 실천했다. 이처럼 작은 목표를 설정하고 이를 지속적으로 실천함으로써 롤링은 첫 번째 책을 완성할 수 있었다.

계획과 실행

첫 번째 책이 완성된 후, 롤링은 여러 출판사에 원고를 보내기 시작했다. 하지만 여러 번의 거절을 당했다. 그러나 포기하지 않고 계속해서 원고를 수정하고 다른 출판사에 보내는 과정을 반복했다. 마침내 블룸즈버리 출판사에서 그녀의 원고를 받아들였고, '해리포터와 마법사의 돌'은 출판되어 큰 인기를 끌게 되었다.

결과

해리포터 시리즈는 전 세계적으로 5억 부 이상 판매되었고, 영화로도 제작되어 대성공을 거두었다. 롤링의 작은 목표 설정과 꾸준한 실천, 그리고 끈질긴 도전이 결국 큰 성공을 이루게 한 중요한 요인이 되었다.

목표를 명확히 설정하고 구체적인 계획을 세우는 것이 성공의 첫걸음이다. 목표 설정은 동기부여와 집중력을 높여 주며, 구체적인 실행 계획을 통해 목표를 차근차근 이루어 나갈 수 있다. 명확한 목표와 체계적인 계획은 우리를 성공으로 이끄는 중요한 열쇠다.

문제 해결을 위한
다양한 접근법

성공하는 사람들은 문제 해결 능력을 갖추고 있다. 이 능력은 성공의 핵심 요소로, 문제를 효과적으로 해결하는 사람들은 항상 한 단계 앞서 나갈 수 있다. 문제 해결은 단순히 문제를 없애는 것에 그치지 않고, 더나아가 창의적이고 혁신적인 해결 방안을 모색하는 과정을 포함한다. 문제를 명확히 정의하고, 다양한 접근법을 통해 해결 방안을 찾는 방법을 살펴본다.

문제를 해결하기 위해서는 먼저 문제를 명확히 정의하는 것이 중요하다. 문제를 정확히 이해해야 적절한 해결 방안을 찾을 수 있다. 문제를 정의할 때는 표면적인 증상에만 집중하지 말고, 문제의 근본 원인을 분석해야 한다. 예를 들어, 제품 판매가 저조한 경우, 단순히 판매량을 늘리는 것에 집중하기보다는, 판매가 저조한 이유를 찾아야 한다. 이는 제품의 품질 문제일 수도 있고, 마케팅 전략의 문제일 수도 있으며, 고객 서비스의 문제일 수도 있다. 따라서 문제를 명확히 정의하고, 그 원인을 분석하는 과정이 필수적이다.

문제를 명확히 정의한 후에는 다양한 접근법을 통해 해결 방안을 모색할 수 있다.

첫 번째로 소개할 방법은 브레인스토밍이다. 브레인스토밍은 여러 사람이 모여 자유롭게 아이디어를 제시하는 기법으로, 창의적인 해결 방안을 찾는 데 유용하다. 브레인스토밍을 할 때는 비판을 피하고, 가능한 많은 아이디어를 제시하는 것이 중요하다. 다양한 관점을 통해 예상치 못한 해결책이 나올 수 있기 때문이다.

두 번째 접근법은 5 Whys 기법이다. 이는 문제의 근본 원인을 찾기 위해 왜라는 질문을 다섯 번 반복하는 방법이다. 예를 들어, "왜 제품 판매가 저조한가?"라는 질문에 "고객 만족도가 낮아서"라는 답이 나왔다면, "왜 고객 만족도가 낮은가?"라는 질문을 이어서 하는 식이다. 이렇게 반복하다 보면 문제의 근본 원인에 도달할 수 있다.

세 번째 접근법은 피쉬본 다이어그램이다. 이는 문제의 원인을 시각적으로 분석하는 도구로, 원인과 결과를 물고기 뼈 모양으로 나타낸다.

문제를 중심에 두고, 원인을 여러 가지 범주로 나누어 분석할 수 있다. 이는 복잡한 문제를 체계적으로 분석하는 데 유용하다.

네 번째 접근법은 SWOT 분석이다. SWOT 분석은 강점(Strengths), 약점(Weaknesses), 기회(Opportunities), 위협(Threats)을 분석하는 도구로, 문제 해결뿐만 아니라 전략 수립에도 널리 사용된다. 이를 통해 내부 요인(강점과 약점)과 외부 요인(기회와 위협)을 종합적으로 분석할 수 있다.

문제를 해결하기 위한 접근법을 선택한 후에는 해결책을 선택하고, 실행 계획을 수립해야 한다. 여러 가지 해결 방안 중에서 가장 효과적인 방법을 선택하고, 구체적인 실행 계획을 세운다. 실행 계획에는 목표, 일정, 책임자, 필요한 자원 등이 포함되어야 한다. 실행 후에는 결과를 평가하고 피드백을 통해 개선점을 찾는다. 문제 해결 과정은 단순히 한 번에 끝나는 것이 아니라, 지속적으로 평가하고 개선하는 과정이 필요하다.

제품 품질 문제로 인한 고객 불만 해결

한 중소기업이 자사의 제품 품질 문제로 인해 고객 불만이 증가하는 상황을 겪었다. 이 기업은 이를 해결하기 위해 체계적이고 다각적인 접근법을 사용하였다. 이 사례를 통해 문제 해결 과정을 단계별로 자세히 살펴보자.

문제 정의 및 원인 분석

먼저, 기업은 문제를 명확히 정의하였다. 고객 불만의 주요 원인은 제품의 품질 저하였으며, 구체적으로는 제품의 내구성이 낮아 사용 중 쉽게 손상되는 문제가 있었다. 문제를 명확히 정의한 후, 품질 관리 시스템의 문제점을 분석하였다. 이를 위해 내부 데이터와 고객 피드백을 철저히 검토하고, 제품 생산 과정 전반을 점검하였다.

브레인스토밍 기법

다음으로, 기업은 브레인스토밍 세션을 진행하여 다양한 해결 방안을 모색하였다. 팀원들이 자유롭게 아이디어를 제시하는 가운데, 제품 설계 변경, 생산 공정 개선, 새로운 소재 사용 등의 여러 가지 방안이 제시되었다. 브레인스토밍을 통해 창의적이고 다각적인 해결책을 모색할 수 있었다.

5 Whys 기법

브레인스토밍에서 나온 아이디어들을 바탕으로, 5 Whys 기법을 사용하여 문제의 근본 원인을 파악하였다. "왜 제품의 내구성이 낮은가?"라는 질문에서 시작하여, "왜 저품질의 소재가 사용되었는가?", "왜 소재 선택 과정에서 품질 검토가 충분히 이루어지지 않았는가?" 등 다섯 번의 '왜' 질문을 통해 근본적인 원인에 도달하였다. 그 결과, 문제의 근본 원인은 소재 선택 과정의 품질 검토가 충분하지 않았고, 비용 절감에만 초점을 맞췄다는 점이었다.

피쉬본 다이어그램

5 Whys 기법을 통해 얻은 정보를 바탕으로, 피쉬본 다이어그램을 사용하여 문제의 원인을 시각적으로 분석하였다. 피쉬본 다이어그램은 문제의 원인을 여러 가지 범주로 나누어 체계적으로 분석할 수 있게 해준다. 이 기업은 인력, 기계, 재료, 방법 등 다양한 측면에서 원인을 분석하였다. 이를 통해 품질 관리 프로세스 전반에 걸친 문제점을 명확히 파악할 수 있었다.

SWOT 분석

문제 해결을 위한 최종 전략을 수립하기 위해 SWOT 분석을 하였다. 기업은 내부 요인으로서 강점(품질 관리 인력의 전문성)과 약점(품질 검토 과정의 미비점)을 분석하였고, 외부 요인으로서 기회(신뢰 회복을 통한 시장 점유율 확대)와 위협(경쟁사 제품의 품질 우위)을 분석하였다. SWOT 분석을 통해 내부의 강점을 활용하고 약점을 보완하며, 외부의 기회를 최대한 활용하고 위협에 대비할 수 있는 전략을 마련하였다.

실행 계획 수립 및 실행

기업은 분석 결과를 바탕으로 구체적인 실행 계획을 수립하였다. 주요 실행 방안으로는 다음과 같은 것들이 포함되었다.

- 제품 설계 변경 : 내구성을 높이기 위한 설계 변경
- 생산 공정 개선 : 품질 검토 프로세스를 강화하고, 품질 기준을 높이는 방안
- 새로운 소재 사용 : 비용보다는 품질을 우선시하는 소재 선택

실행 계획에는 단계별 목표와 일정, 책임자가 명확히 설정되었으며, 필요한 자원과 예산도 구체적으로 계획되었다. 실행 계획을 세운 후, 이를 차근차근 실천해 나갔다.

실행 후 평가 및 피드백

계획을 실행한 후, 기업은 결과를 평가하고 피드백을 수집하였다. 제품의 품질이 개선되었는지, 고객 불만이 감소했는지 등을 객관적으로 평가하였다. 이를 위해 고객 설문조사와 내부 품질 테스트를 하였다. 평가 결과, 제품의 내구성이 크게 향상되었고, 고객 불만도 현저히 줄어들었다. 이러한 결과를 바탕으로, 기업은 품질 관리 프로세스를 지속적으로 개선해 나갔다.

이처럼 문제 해결은 다양한 접근법을 통해 창의적이고 효과적인 해결 방안을 모색하는 과정이다. 문제를 명확히 정의하고, 다양한 기법을 활용해 해결책을 찾고, 실행하고 평가하는 과정을 통해 우리는 문제를 효과적으로 해결할 수 있다.

자원을 효율적으로 관리하고
팀워크 발휘하기

성공적인 조직은 자원을 효율적으로 관리하고, 강력한 팀워크를 발휘한다. 자원의 효율적인 관리는 성공을 좌우하는 중요한 요소다. 아무리 좋은 아이디어나 전략이 있더라도 자원을 제대로 관리하지 않으면 성공을 이루기 어렵다. 또한, 팀워크는 목표 달성에 필수적이다. 개개인의 역량을 하나로 모아 시너지 효과를 내는 팀워크는 조직의 성과를 극대화한다.

자원 관리는 시간, 인력, 재정 자원을 어떻게 효율적으로 사용할지 계획하고 실행하는 것을 포함한다. 시간을 효율적으로 관리하는 것은 모든 자원 관리의 기본이다. 시간 관리를 위해 우선순위를 정하고, 중요하고 긴급한 일부터 처리하는 것이 중요하다. 인력 자원 관리는 팀원들의 역량과 성향을 파악하여 적절한 역할을 부여하는 것이다. 각자의 강점을 최대한 발휘할 수 있는 업무를 배정하고, 필요시 교육과 훈련을 통해 역량을 강화한다. 재정 자원 관리는 한정된 예산을 효율적으로 사용하는 방법을 포함한다. 불필요한 지출을 줄이고, 예산을 최대한 효과적으로 활용하는 방안을 모색해야 한다.

자원을 최적화하는 전략으로는 우선순위 설정, 업무 분담, 효율적인 일정 관리 등이 있다. 우선순위를 설정할 때는 중요도와 긴급도를 고려해야 한다. 또한, 업무를 팀원들 간에 적절히 분담하여 각자의 역할을 명확히 하고, 효율적인 일정 관리를 통해 업무를 체계적으로 진행한다.

팀워크를 강화하기 위해서는 효과적인 팀 구성과 역할 분담이 필요하다. 팀을 구성할 때는 다양한 역량과 성향을 보인 사람들이 모이도록 하는 것이 좋다. 팀원 간의 신뢰와 협력은 팀워크의 핵심 요소다. 신뢰를 쌓기 위해서는 투명한 의사소통과 상호 존중이 필요하다. 협력을 증진하기 위해서는 공동의 목표를 설정하고, 팀원들이 목표를 향해 함께 나아갈 수 있도록 동기를 부여해야 한다.

자원 관리와 팀워크 발휘를 위한 구체적인 실행 방안으로는 다음과 같은 것들이 있다.

첫째, 정기적인 회의를 통해 현재 상황을 점검하고, 문제점을 파악하며, 해결책을 논의한다. 둘째, 각 팀원의 역할과 책임을 명확히 하고, 이를 문서로 만들어 공유한다. 셋째, 업무 진행 상황을 주기적으로 리뷰하고, 필요한 경우 즉각적으로 조치를 한다. 넷째, 팀원 간의 상호 피드백을 장려하고, 이를 통해 지속적으로 개선해 나간다.

성공적인 자원 관리와 팀워크 사례

성공적인 자원 관리와 팀워크는 조직의 성과를 크게 향상한다. 이를 잘 보여주는 사례로 한 글로벌 IT 기업의 프로젝트 관리 사례를 살펴보자. 이 기업은 새로운 소프트웨어 개발 프로젝트를 진행하면서 자원을 효율적으로 배분하고 팀워크를 강화하여 큰 성과를 거두었다.

프로젝트 초기 단계 : 역할과 책임의 명확화

프로젝트 초기에, 이 기업은 모든 팀원의 역할과 책임을 명확히 정했다. 이를 위해 프로젝트 매니저는 각 팀원의 전문성과 경험을 고려하여 적합한 업무를 배정했다. 예를 들어, 소프트웨어 개발팀에서는 프로그래밍 경험이 많은 팀원이 핵심 기능 개발을 담당하고, 비교적 경험이 적은 팀원은 보조적인 역할을 맡았다. 디자인 팀에서는 창의력이 뛰어난 디자이너가 주요 UI/UX 디자인을 주도하고, 다른 디자이너들이 이를 지원하는 방식으로 역할을 나누었다.

주기적인 회의와 진행 상황 점검

주기적인 회의는 프로젝트 진행 상황을 점검하고, 팀원들 간의 협력을 강화하는 중요한 요소였다. 이 기업은 매주 월요일마다 팀 회의를 열어 각 팀원이 현재 진행 중인 작업을 보고하고, 직면한 문제를 논의했다. 이를 통해 문제를 조기에 발견하고, 신속히 해결할 수 있었다. 또한, 매주 금요일에는 프로젝트 매니저와 팀 리더들이 모여 전체 프로젝트의 진행 상황을 종합적으로 검토하고, 필요한 경우 전략을 조정했다.

팀워크 증진 활동

팀워크를 강화하기 위해 다양한 활동을 도입했다. 먼저, 팀 빌딩 워크숍을 정기적으로 개최하여 팀원들이 서로를 더 잘 이해하고 신뢰할 수 있도록 했다. 이 워크숍에서는 문제 해결 게임, 신뢰 구축 활동, 의사소통 훈련 등 다양한 프로그램이 진행되었다. 또한, 프로젝트 진행 중간마다 비공식적인 모임을 통해 팀원들 간의 유대감을 높였다. 예를 들어, 주기적으로 팀 점심이나 저녁 식사를 함께하며 업무 외적인 대화를 나누는 시간을 가졌다.

자원 배분의 효율성

자원 배분의 효율성은 프로젝트 성공의 핵심이었다. 프로젝트 매니저는 단계마다 필요한 자원을 정확히 파악하고, 적절히 배분하였다. 예를 들어, 초기 개발 단계에서는 개발자와 디자이너의 역할이 중요했지만, 테스트 단계에서는 QA(품질 보증) 팀과 사용자 경험 **UX** 팀의 역할이 더 중요했다. 따라서 단계마다 필요한 인력과 예산을 집중적으로 투입하여 효율적인 자원 관리를 실현했다.

성과 평가와 피드백

프로젝트가 진행되는 동안, 팀은 성과를 주기적으로 평가하고 피드백을 제공하는 시스템을 도입했다. 매달 말, 각 팀원은 자신이 완료한 작업에 대한 피드백을 받았고, 이를 통해 개선할 점을 파악하고 다음 단계에 반영했다. 또한, 프로젝트가 완료된 후에는 전체 팀이 모여 프로젝트의 성공 요인과 개선할 점을 논의하는 회고 미팅을 진행했다.

결과

이 기업의 철저한 자원 관리와 강력한 팀워크 덕분에 소프트웨어 개발 프로젝트는 성공적으로 완료되었다. 예상보다 이른 시간 내에 프로젝트를 마무리할 수 있었고, 결과물의 품질도 매우 높았다. 고객들의 만족도는 높았고, 소프트웨어 출시 후 시장에서 큰 호응을 얻었다. 이에 따라 기업은 예상보다 높은 성과를 달성할 수 있었으며, 팀원들 간의 신뢰와 협력도 크게 강화되었다.

자원을 효율적으로 관리하고 팀워크를 강화하는 것은 성공적인 조직 운영의 핵심 요소다. 자원을 효율적으로 관리하기 위해 시간, 인력, 재정 자원을 최적화하고, 팀워크를 발휘하기 위해 효과적인 팀 구성과 역할 분담, 신뢰와 협력을 증진하는 방안을 모색해야 한다. 이를 통해 조직은 목표를 달성하고, 성공을 이룰 수 있다.

꾸준한 성장을 위한
현실적인 전략

성공은 단기적인 성과에만 의존하지 않는다. 오히려 꾸준한 성장이야말로 진정한 성공의 열쇠다. 일시적인 성공은 한순간에 사라질 수 있지만, 지속적인 성장은 시간이 지날수록 그 가치를 더한다. 이를 위해 현실적이고 구체적인 전략이 필요하다. 꾸준히 성장하기 위해서는 자기 계발과 학습, 피드백 수용과 개선이 필수적이다. 꾸준한 성장을 위한 다양한 전략과 실행 방법을 살펴보자.

자기 계발 및 학습 전략

자기 계발과 학습은 꾸준한 성장을 위한 가장 기본적인 전략이다. 먼저, 지속적인 학습의 중요성을 인식하는 것이 필요하다. 변화하는 환경에 적응하고 새로운 지식을 습득하기 위해 평생 학습의 자세를 유지해야 한다. 예를 들어, 새로운 기술이나 언어를 배우고, 관련 분야의 최신 정보를 꾸준히 습득하는 것이 중요하다. 자기 계발을 위해서는 목표를 설정하고, 이를 달성하기 위한 구체적인 계획을 세워야 한다. 온라인 강의, 독서, 워크숍 참가 등 다양한 학습 방법을 활용할 수 있다.

피드백 수용과 개선 방법

성장을 위해서는 피드백을 수용하고 개선하는 능력이 필요하다. 피드백은 자신의 강점과 약점을 객관적으로 파악할 좋은 기회다. 이를 통해 부족한 부분을 개선하고, 강점을 더욱 강화할 수 있다. 피드백을 받을 때는 겸손한 자세를 유지하고, 이를 발전의 계기로 삼아야 한다. 또한, 자신의 성과를 주기적으로 평가하고, 개선점을 찾는 것이 중요하다. 이를 통해 지속적으로 성장할 수 있다.

성장 목표 설정 및 달성 계획

성장을 위해서는 명확한 목표를 설정하고, 이를 달성하기 위한 구체적인 계획을 세워야 한다. 성장 목표는 구체적이고 측정 가능하며, 달성 가능한 목표여야 한다. 예를 들어, "6개월 안에 특정 기술을 마스터한다"와 같은 목표를 설정할 수 있다. 목표를 설정한 후에는 이를 달성하기 위한 단계별 계획을 세워야 한다. 매일, 매주, 매월 해야 할 일들을 명확히 정하고, 이를 꾸준히 실천하는 것이 중요하다.

지속적인 성장을 위한 일상 습관

꾸준한 성장은 일상 습관에서 비롯된다. 작은 습관들이 모여 큰 변화를 끌어낸다. 예를 들어, 매일 30분씩 책을 읽거나, 새로운 정보를 습득하는 시간을 갖는 것이 좋은 습관이 될 수 있다. 또한, 매일 목표를 점검하고, 진행 상황을 기록하는 것도 효과적이다. 이러한 일상 습관을 통해 꾸준한 성장을 이룰 수 있다.

실제 사례를 통해 꾸준한 성장이 어떻게 이루어지는지 살펴보자. 예를 들어, 일론 머스크는 지속적인 학습과 자기 계발을 통해 여러 분야에서 성공을 이루었다. 그는 전기차, 우주 탐사, 인공지능 등 다양한 분야에서 끊임없이 학습하고 도전했다. 또한, 피드백을 적극적으로 수용하고, 이를 바탕으로 자신의 아이디어와 전략을 개선해 나갔다. 이러한 꾸준한 성장의 자세가 그의 성공을 이끌었다.

또 다른 사례로는 오프라 윈프리가 있다. 그녀는 자신의 방송 경력을 통해 꾸준히 성장해 왔다. 오프라는 항상 새로운 것을 배우고, 자신을 발전시키기 위해 노력했다. 또한, 피드백을 받아들이고, 이를 통해 자신의 프로그램을 지속적으로 개선했다. 그 결과, 그녀는 전 세계적으로 큰 영향력을 가진 미디어 아이콘이 되었다.

꾸준한 성장은 성공의 필수 요소다. 이를 위해 자기 계발과 학습, 피드백 수용과 개선이 중요하다. 명확한 성장 목표를 설정하고, 이를 달성하기 위한 구체적인 계획을 세워야 한다. 또한, 일상 속 작은 습관들을 통해 꾸준한 성장을 이루어야 한다.

효과적으로 소통하고
갈등 해결하기

성공적인 팀과 조직은 효과적인 소통과 갈등 해결 능력을 갖추고 있다. 소통은 모든 조직 활동의 기본이며, 효과적인 소통이 이루어질 때 팀원들은 명확한 목표를 이해하고 협력할 수 있다. 반면, 갈등은 종종 피할 수 없는 현상이다. 중요한 것은 갈등을 어떻게 해결하느냐이다. 갈등을 잘 해결하면 오히려 팀의 성과를 높이고, 팀원들 간의 신뢰와 협력을 강화할 수 있다.

명확하고 간결한 의사소통 방법

효과적인 소통을 위해서는 메시지를 명확하고 간결하게 전달하는 것이 중요하다. 복잡하고 긴 설명보다는 핵심을 정확히 전달하는 것이 좋다. 예를 들어, 프로젝트 목표나 작업 지시를 전달할 때는 중요한 정보를 요약하여 명확하게 전달해야 한다. 이는 오해를 줄이고, 팀원들이 정확히 무엇을 해야 하는지 이해하는 데 도움이 된다.

경청과 피드백 기술

소통은 한 방향이 아니라 쌍방향이다. 경청은 소통의 중요한 요소 중 하나다. 상대방의 말을 주의 깊게 듣고, 이해하며, 적절한 피드백을 제공해야 한다. 경청은 신뢰를 쌓고, 팀원들 간의 관계를 강화하는 데 중요한 역할을 한다. 피드백은 건설적이고 구체적이어야 한다. 긍정적인 피드백은 동기부여를 높이고, 개선이 필요한 부분에 대한 피드백은 발전의 기회를 제공한다.

갈등 해결 방법

갈등을 해결하기 위해서는 먼저 그 원인을 명확히 분석해야 한다. 갈등의 원인은 다양할 수 있으며, 잘못된 의사소통, 역할의 모호성, 개인 간의 성격 차이 등 여러 가지가 있을 수 있다. 원인을 분석한 후에는 적절한 해결 방안을 모색해야 한다. 이는 대화를 통해 서로의 처지를 이해하고, 합의점을 찾는 과정이다.

협상과 중재 기술

협상과 중재는 갈등 해결의 핵심 기술이다. 협상은 양측이 만족할 수 있는 해결책을 찾는 과정이며, 중재는 제3자가 개입하여 공정하게 갈등을 해결하는 방법이다. 협상에서는 서로의 입장을 존중하고, 윈-윈 해결책을 찾는 것이 중요하다. 중재는 주로 조직 내에서 해결이 어려운 갈등이 발생할 때 사용되며, 중재자는 중립적인 입장에서 문제를 해결한다.

소통과 갈등 해결을 위한 구체적 실행 방안

소통과 갈등 해결을 위해 구체적인 실행 방안을 마련하는 것이 중요하다. 첫째, 정기적인 회의를 통해 팀원들 간의 소통을 강화한다. 둘째, 소통 교육과 워크숍을 통해 팀원들이 효과적인 소통 기술을 익히도록 한다. 셋째, 갈등 발생 시 신속하게 대처할 수 있는 시스템을 구축한다. 예를 들어, 갈등 조정 담당자를 지정하거나, 공식적인 중재 절차를 마련하는 것이다. 넷째, 소통과 갈등 해결의 성과를 주기적으로 평가하고, 필요한 경우 개선 방안을 도입한다.

실제 사례를 통해 효과적인 소통과 갈등 해결이 어떻게 이루어지는지 살펴보자. 예를 들어, 한 대형 글로벌 기업에서는 팀 간 협업 프로젝트 중에 갈등이 발생했다. 각 팀은 서로의 역할과 책임에 대해 명확히 이해하지 못했고, 이는 업무 중복과 혼란을 초래했다. 이를 해결하기 위해, 프로젝트 매니저는 먼저 갈등의 원인을 분석하고, 각 팀의 역할과 책임을 명확히 재정의했다. 그 후, 정기적인 소통 회의를 통해 진행 상황을 점검하고, 피드백을 주고받았다. 또한, 팀 빌딩 활동을 통해 팀원들 간의 신뢰와 협력을 강화했다. 그 결과, 프로젝트는 성공적으로 완료되었고, 팀원들 간의 협력도 한층 강화되었다.

소통과 갈등 해결은 성공적인 조직 운영의 필수 요소다. 효과적인 소통을 위해 명확하고 간결한 의사소통 방법을 사용하고, 경청과 피드백 기술을 익혀야 한다. 갈등 해결을 위해서는 갈등의 원인을 분석하고, 협상과 중재 기술을 활용하여 문제를 해결해야 한다. 이를 위해 구체적인 실행 방안을 마련하고, 정기적인 소통과 교육을 통해 팀원들의 소통 능력을 향상해야 한다.

리스크를 현명하게
관리하고 대응하기

리스크 관리는 모든 비즈니스와 프로젝트의 성공에 필수적인 요소다. 예기치 못한 상황에 적절히 대비하지 않으면, 기업이나 프로젝트는 큰 타격을 입을 수 있다. 따라서 리스크 관리가 성공의 안정성을 높이는 중요한 역할을 한다. 예상치 못한 상황에 대비하는 전략을 마련하는 것은 기업이 지속적으로 성장하고 발전하는 데 필수적이다.

리스크 식별 및 평가

리스크 관리는 먼저 리스크를 식별하고 평가하는 것에서 시작된다. 리스크 요인을 분석하는 것은 잠재적인 문제를 미리 파악하고 대비하는 데 중요하다. 예를 들어, 프로젝트 일정 지연, 예산 초과, 인력 부족, 기술적 문제 등 다양한 리스크 요인이 있을 수 있다. 이러한 리스크를 체계적으로 분석하고 평가하는 것이 필요하다.

리스크를 평가할 때는 각 리스크의 발생 가능성과 영향을 고려해야 한다. 발생 가능성이 높고 영향이 큰 리스크는 먼저 관리해야 한다. 이를 위해 리스크 우선순위를 설정하는 것이 중요하다. 우선순위를 설정하면 자원을 효율적으로 배분하고, 가장 중요한 리스크에 집중할 수 있다.

리스크 대응 전략

리스크를 관리하기 위한 전략은 여러 가지가 있다. 먼저, 리스크 회피 전략은 리스크를 사전에 방지하는 방법이다. 예를 들어, 프로젝트 초기 단계에서 철저한 계획을 세워 일정 지연의 리스크를 회피할 수 있다. 다음으로, 리스크 완화 전략은 리스크의 영향을 최소화하는 방법이다. 예를 들어, 품질 검토 과정을 강화하여 제품 결함의 리스크를 완화할 수 있다.

리스크 수용 전략은 리스크를 감수하고 발생 시 대응하는 방법이다. 이는 발생 가능성이 작고 영향이 적은 리스크에 적용할 수 있다. 비상 계획 수립은 예상치 못한 상황에 대비하기 위한 전략이다. 비상 계획은 리스크 발생 시 신속히 대응할 수 있도록 준비하는 것으로, 비상 연락망, 대체 자원 확보, 긴급 대응팀 구성 등이 포함된다.

실행 단계

리스크 관리의 실행 단계는 구체적인 계획 수립과 지속적인 모니터링으로 구성된다. 먼저, 리스크 관리 실행 계획을 수립한다. 이는 리스크 식별, 평가, 대응 전략을 포함하는 종합적인 계획이다. 계획에는 각 리스크에 대한 대응 방법, 책임자, 일정 등이 명확히 포함되어야 한다.

리스크 관리 계획을 실행하면서 지속적으로 모니터링하는 것이 중요하다. 이는 리스크가 실제로 발생하는지, 대응 전략이 효과적인지 점검하는 과정이다. 주기적인 리뷰와 업데이트를 통해 리스크 관리 계획을 지속적으로 개선해야 한다. 또한, 새로운 리스크가 발생할 수 있으므로, 이를 신속히 식별하고 대응하는 유연성이 필요하다.

성공적인 리스크 관리 사례를 통해 실제로 어떻게 리스크를 관리하고 대응했는지 살펴보자. 한 글로벌 제조업체는 신제품 출시 프로젝트에서 리스크 관리를 철저히 수행하여 큰 성공을 거두었다. 이 회사는 프로젝트 초기 단계에서 철저한 리스크 분석을 통해 잠재적인 문제를 식별했다.

예를 들어, 공급망 중단의 리스크를 식별한 후, 이를 완화하기 위해 여러 대체 공급업체를 확보했다. 또한, 기술적 문제의 리스크를 줄이기 위해 제품 개발 단계에서 추가적인 테스트와 검토를 했다. 프로젝트 진행 중에는 주기적인 모니터링과 리뷰를 통해 리스크 관리 계획을 지속적으로 업데이트했다.

결과적으로, 이 회사는 신제품을 성공적으로 출시하였고, 예상치 못한 공급망 중단이나 기술적 문제 없이 계획대로 제품을 시장에 선보일 수 있었다. 이는 철저한 리스크 관리와 신속한 대응 덕분이었다.

리스크 관리는 모든 비즈니스와 프로젝트에서 성공을 보장하는 필수적인 과정이다. 리스크를 식별하고 평가하며, 적절한 대응 전략을 수립하는 것이 중요하다. 리스크 회피, 완화, 수용 전략을 통해 다양한 리스크에 효과적으로 대처할 수 있다. 또한, 비상 계획을 마련하여 예상치 못한 상황에 신속히 대응해야 한다.

리스크 관리 계획을 수립한 후, 지속적으로 모니터링하고 업데이트하는 것이 필요하다. 성공적인 리스크 관리 사례를 통해 배운 것을 바탕으로, 자신의 프로젝트나 비즈니스에서 리스크를 효과적으로 관리하고 대응할 수 있기를 바란다.

성과를
측정하고 평가하기

성과 측정은 목표 달성의 척도다. 우리가 세운 목표가 얼마나 달성되었는지 확인하기 위해서는 체계적인 성과 측정이 필요하다. 성과 측정은 단순히 결과를 확인하는 것에서 그치지 않고, 향후 개선점을 찾고 발전을 도모하는 중요한 과정이다. 평가를 통해 조직은 강점을 강화하고, 약점을 보완하며, 지속적으로 성장할 수 있다.

주요 성과 지표(KPI) 설정

성과를 정확히 측정하기 위해서는 주요 성과 지표(Key Performance Indicators, KPI)를 설정해야 한다. KPI는 목표 달성 여부를 객관적으로 평가할 수 있는 구체적인 지표다. 예를 들어, 매출 성장률, 고객 만족도, 생산성 향상 등이 KPI에 포함될 수 있다. KPI를 설정할 때는 조직의 목표와 일치하는 지표를 선택하는 것이 중요하다.

정량적, 정성적 성과 평가 방법

성과 평가는 정량적 평가와 정성적 평가로 나뉜다. 정량적 평가는 수치로 측정 가능한 성과를 평가하는 방법으로, 매출액, 생산량, 비용 절감 등 구체적인 수치를 기준으로 한다. 반면, 정성적 평가는 수치로 나타내기 어려운 성과를 평가하는 방법으로, 고객 만족도, 직원의 직무 만족도, 브랜드 인지도 등이 포함된다. 두 가지 평가 방법을 적절히 조합하여 종합적인 성과 평가를 진행해야 한다.

평가 결과 분석 및 피드백 제공

성과 평가 후에는 평가 결과를 분석하고, 이를 바탕으로 피드백을 제공하는 과정이 필요하다. 평가 결과를 자세히 분석하여 조직의 강점과 약점을 파악하고, 개선이 필요한 부분을 명확히 한다. 피드백은 구체적이고 건설적으로 제공해야 한다. 긍정적인 피드백은 조직의 사기를 높이고, 개선이 필요한 부분에 대한 피드백은 발전의 기회를 제공한다.

개선 방안 모색

피드백을 받은 후에는 구체적인 개선 방안을 모색해야 한다. 이는 조직의 목표 달성에 중요한 역할을 한다. 개선 방안을 모색할 때는 문제의 원인을 철저히 분석하고, 효과적인 해결책을 찾는 것이 중요하다. 또한, 개선 방안을 실행할 수 있는 구체적인 계획을 세우고, 이를 실천하는 것이 필요하다.

성과 측정 및 평가 실행 방안

성과 측정을 효과적으로 실행하기 위해서는 체계적인 실행 방안을 마련해야 한다. 먼저, 성과 측정 계획을 수립하고, 이를 구체적으로 실행하는 과정이 필요하다. 성과 측정 계획에는 KPI 설정, 평가 방법, 평가 주기 등이 포함된다. 또한, 평가 결과를 체계적으로 기록하고, 분석하는 시스템을 구축해야 한다.

지속적인 개선과 발전 전략

성과 평가는 일회성 작업이 아니라 지속적으로 이루어져야 한다. 주기적인 성과 평가를 통해 지속적인 개선과 발전을 도모해야 한다. 평가 결과를 바탕으로 개선 방안을 마련하고, 이를 실행함으로써 조직은 지속적으로 성장할 수 있다. 또한, 성과 평가 시스템을 주기적으로 점검하고, 필요한 경우 개선하는 것도 중요하다.

성공적인 성과 측정 및 평가 사례를 통해 구체적인 방법을 살펴보자. 한 글로벌 IT 기업은 정량적, 정성적 평가를 모두 포함하는 종합적인 성과 평가 시스템을 구축했다. 이 기업은 매출 성장률, 신제품 출시 수, 고객 만족도, 직원의 직무 만족도 등을 KPI로 설정했다.

매년 정기적인 성과 평가를 통해 조직의 강점과 약점을 파악하고, 구체적인 피드백을 제공했다. 예를 들어, 한 해 동안 매출 성장률이 예상보다 낮았던 원인을 분석하여 마케팅 전략을 개선했다. 또한, 고객 만족도가 낮은 부문을 파악하고, 고객 서비스를 개선하는 방안을 마련했다.

이러한 체계적인 성과 평가와 피드백 과정을 통해 이 기업은 지속적으로 성장하고, 경쟁력을 강화할 수 있었다. 평가 결과를 바탕으로 구체적인 개선 방안을 마련하고, 이를 실행함으로써 성과를 높일 수 있었다.

성과 측정과 평가는 목표 달성의 척도로서 매우 중요한 역할을 한다. KPI를 설정하고, 정량적, 정성적 평가 방법을 통해 성과를 종합적으로 평가해야 한다. 평가 결과를 분석하고, 구체적인 피드백을 제공하며, 개선 방안을 모색하는 과정이 필요하다. 체계적인 실행 방안을 마련하고, 주기적인 성과 평가를 통해 지속적인 개선과 발전을 도모해야 한다.

6장

미래를 준비하는
사람들의 비결

디지털 시대와 글로벌 시대에 성공하는 비결을 설명한다. 변화에 적응하고 혁신하는 방법, 지속 가능한 성공을 위한 비전 설정, 인공지능과의 공존, 빠르게 변하는 기술 변화에 대응하는 방법 등을 다룬다. 미래를 준비하는 데 필요한 전략과 비전을 제시한다.

디지털 시대에
성공하는 비결

디지털 혁명은 우리가 살아가는 방식을 근본적으로 바꾸어 놓았다. 인터넷, 스마트폰, 소셜 미디어 등의 기술이 급속도로 발전하면서 우리는 이제 일상생활부터 업무 환경까지 모든 면에서 디지털 기술에 의존하게 되었다. 디지털 혁명이 가져온 변화는 단순한 기술적 변화에 그치지 않는다. 이는 우리의 사고방식, 커뮤니케이션 방법, 그리고 문제 해결 방식까지 포괄적으로 변화시키고 있다.

디지털 시대에는 새로운 도전들이 따른다. 끊임없이 변하는 기술 트렌드에 적응해야 하고, 방대한 양의 정보를 효과적으로 관리하고 활용해야 한다. 이를 위해 디지털 시대에 필요한 핵심 역량을 갖추는 것이 중요하다. 이러한 역량에는 디지털 리터러시, 데이터 분석 능력, 문제 해결 능력, 그리고 창의적 사고 등이 포함된다.

디지털 기술의 활용

디지털 시대에 성공하기 위해서는 주요 디지털 기술을 이해하고 활용할 수 있어야 한다. 다음은 현대 사회에서 주목받고 있는 몇 가지 주요 디지털 기술이다.

빅데이터는 방대한 양의 데이터를 수집, 저장, 분석하여 유의미한 정보를 도출하는 기술이다. 기업들은 빅데이터를 활용하여 고객의 행동을 분석하고, 시장 트렌드를 파악하며, 효과적인 마케팅 전략을 수립할 수 있다. 예를 들어, 아마존은 고객의 구매 이력을 분석하여 개인 맞춤형 추천 서비스를 제공함으로써 매출을 극대화하고 있다.

인공지능(AI)은 컴퓨터가 인간의 지능적인 작업을 수행할 수 있게 하는 기술이다. AI는 의료, 금융, 제조 등 다양한 분야에서 혁신을 이끌고 있다. 예를 들어, AI 기반의 의료 진단 시스템은 환자의 의료 기록과 증상을 분석하여 정확한 진단을 내리고 치료 방안을 제시한다. 이는 의료 서비스의 효율성과 정확성을 크게 향상한다.

클라우드 컴퓨팅은 인터넷을 통해 데이터와 프로그램을 저장하고 관리하는 기술이다. 클라우드 컴퓨팅을 통해 기업들은 대규모의 데이터를 효율적으로 관리하고, IT 인프라 비용을 절감할 수 있다. 예를 들어, 넷플릭스는 클라우드 컴퓨팅을 활용하여 전 세계 사용자에게 고품질의 스트리밍 서비스를 제공하고 있다.

디지털 역량 강화

 디지털 시대에 성공하기 위해서는 디지털 역량을 강화하는 것이 필수적이다. 다음은 디지털 역량을 강화하기 위한 몇 가지 방법이다.

 - 디지털 리터러시와 데이터 분석 역량 키우기 : 디지털 리터러시는 디지털 환경에서 정보를 검색, 평가, 활용할 수 있는 능력이다. 디지털 리터러시를 갖추면 디지털 도구와 플랫폼을 효과적으로 활용할 수 있다. 또한, 데이터 분석 역량은 빅데이터 시대에 특히 중요하다. 데이터를 수집, 분석하여 의사결정에 활용할 수 있는 능력을 키워야 한다. 이를 위해 데이터 분석 관련 교육 프로그램에 참여하거나, 온라인 강의를 통해 스스로 학습할 수 있다.

- 디지털 도구와 플랫폼 활용법 : 다양한 디지털 도구와 플랫폼을 활용하는 능력은 디지털 시대에 매우 중요하다. 예를 들어, 협업 도구인 슬랙(Slack)이나 트렐로(Trello)를 활용하면 팀원들과 효율적으로 소통하고 프로젝트를 관리할 수 있다. 또한, 구글 드라이브(Google Drive)와 같은 클라우드 스토리지 서비스를 사용하면 언제 어디서나 데이터를 저장하고 접근할 수 있다. 이러한 도구들을 효과적으로 활용하여 업무 효율성을 높일 수 있다.

디지털 시대에 성공하기 위해서는 디지털 기술을 이해하고 이를 활용하는 능력을 갖추는 것이 중요하다. 빅데이터, 인공지능, 클라우드 컴퓨팅 등 주요 디지털 기술을 이해하고, 이를 실생활과 업무에 적용하는 것이 필요하다. 또한, 디지털 리터러시와 데이터 분석 역량을 강화하여 변화하는 환경에 빠르게 적응할 수 있어야 한다.

이를 실천하기 위해 다음과 같은 실천 방안을 따르는 것이 중요하다.

1. 지속적인 학습 : 디지털 기술과 관련된 최신 정보를 지속적으로 학습하고, 관련 교육 프로그램에 참여한다.
2. 디지털 도구 활용 : 업무와 일상에서 다양한 디지털 도구와 플랫폼을 적극적으로 활용하여 효율성을 높인다.

3. 데이터 분석 역량 강화 : 데이터를 분석하고 이를 의사결정에 활용하는 능력을 키우기 위해 데이터 분석 도구와 기법을 학습한다.

4. 창의적 사고 개발 : 문제 해결과 혁신을 위한 창의적 사고를 개발하고, 이를 실생활과 업무에 적용한다.

디지털 시대의 변화와 도전에 대응하기 위해 이러한 실천 방안을 따라가는 것은 필수적이다. 이를 통해 독자들은 디지털 시대에 성공적으로 적응하고, 지속적인 성장을 이룰 수 있을 것이다.

글로벌 시대의
마인드셋을 가져라

글로벌화는 우리가 살아가는 세상을 크게 변화시켰다. 이제 우리는 국가의 경계를 넘어 전 세계와 연결되어 있으며, 이는 비즈니스, 문화, 정치 등 다양한 분야에 영향을 미치고 있다. 글로벌화는 새로운 기회와 도전을 동시에 가져왔다. 전 세계 시장에 접근할 기회가 생겼지만, 동시에 치열한 글로벌 경쟁에 직면하게 되었다. 이러한 환경 속에서 성공하기 위해서는 글로벌 시대에 적합한 마인드셋을 갖추는 것이 필수적이다.

글로벌 시대에는 열린 마음, 다양성에 대한 존중, 그리고 문화적 이해와 감수성이 필요하다. 또한, 국제적인 의사소통 능력과 네트워킹 능력도 중요하다. 글로벌 시대에 필요한 마인드셋과 역량을 개발하는 방법에 대해 살펴본다.

다양한 문화 이해와 존중

글로벌 시대에 성공하기 위해서는 다양한 문화를 이해하고 존중하는 자세가 필요하다. 각 나라와 지역마다 고유한 문화, 관습, 가치관이 존재한다. 이를 이해하고 존중하는 것은 글로벌 비즈니스와 협업에서 매우 중요하다. 예를 들어, 아시아 문화에서는 집단주의와 관계 중심의 사고가 중요시되지만, 서구 문화에서는 개인주의와 효율성이 강조된다. 이러한 문화적 차이를 이해하고 존중하는 태도가 필요하다.

글로벌 의사소통 능력 강화

효과적인 글로벌 의사소통 능력은 성공적인 국제 비즈니스의 핵심이다. 이를 위해서는 언어적 능력뿐만 아니라 비언어적 의사소통 능력도 중요하다. 예를 들어, 영어는 국제 비즈니스에서 가장 많이 사용되는 언어이므로 영어 능력을 강화하는 것이 유리하다. 또한, 제스처, 표정, 몸짓 등 비언어적 요소도 문화마다 다를 수 있으므로 이를 이해하고 적절히 활용하는 것이 필요하다.

글로벌 네트워크 구축 방법

글로벌 시대에는 강력한 국제 네트워크를 구축하는 것이 중요하다. 이를 위해서는 다양한 방법을 활용할 수 있다. 먼저, 국제적인 컨퍼런스나 세미나에 참석하여 네트워킹 기회를 늘리는 것이 좋다. 또한, 소셜 미디어와 전문 네트워크 플랫폼을 활용하여 전 세계의 전문가들과 연결될 수 있다. 링크드인(LinkedIn)과 같은 플랫폼은 글로벌 네트워크를 구축하고 유지하는 데 유용하다.

글로벌 비즈니스 매너와 에티켓

글로벌 비즈니스에서 성공하기 위해서는 각국의 비즈니스 매너와 에티켓을 이해하고 준수하는 것이 중요하다. 예를 들어, 일본에서는 명함을 주고받을 때 두 손으로 공손하게 전달하는 것이 중요하며, 서구에서는 눈을 맞추며 악수하는 것이 일반적이다. 이러한 매너와 에티켓을 잘 이해하고 실천하면 신뢰를 쌓고 원활한 비즈니스 관계를 유지할 수 있다.

글로벌 시대에는 다양한 문화와 관습을 이해하고 존중하며, 국제적인 의사소통 능력과 네트워킹 능력을 갖추는 것이 중요하다. 이를 위해 다음과 같은 실천 방안을 고려해 볼 수 있다.

1. 문화적 이해 증진 : 다양한 문화를 경험하고 이해하기 위해 여행, 문화 교류 프로그램, 국제 뉴스 및 문학 작품 등을 접한다.
2. 의사소통 능력 강화 : 영어를 비롯한 국제 언어 능력을 향상하고, 비언어적 의사소통 기술을 배운다.
3. 네트워킹 기회 확대 : 국제적인 행사나 컨퍼런스에 참여하고, 소셜

미디어와 전문 네트워크 플랫폼을 적극 활용한다.

4. 비즈니스 매너 학습 : 각국의 비즈니스 매너와 에티켓을 배우고 실
   천한다.

이러한 실천 방안을 통해 독자들은 글로벌 시대에 적합한 마인드셋
을 갖추고, 국제적인 무대에서 성공적인 비즈니스와 협업을 끌어낼 수
있을 것이다.

변화에
적응하고 혁신해라

현대 사회는 빠르게 변화하고 있으며, 이러한 변화에 적응하지 못하는 조직과 개인은 도태될 수밖에 없다. 기술의 발전, 시장의 변동, 소비자 요구의 변화 등 다양한 요소들이 끊임없이 변화하고 있다. 이러한 환경 속에서 생존하고 번영하기 위해서는 변화를 수용하고, 이를 통해 지속적으로 혁신을 이루어야 한다.

변화는 새로운 기회와 도전 과제를 동시에 가져온다. 변화를 효과적으로 관리하고 혁신을 지속할 수 있는 능력은 성공의 핵심 요소다. 혁신은 기존의 방식과 관습을 뛰어넘어 새로운 아이디어와 접근법을 통해 더 나은 결과를 창출하는 것이다. 변화와 혁신의 필요성을 인식하고, 이를 효과적으로 관리하고 촉진하는 방법에 대해 살펴본다.

변화에 대한 저항 극복 방법

변화는 종종 저항을 불러일으킨다. 사람들은 익숙한 것에서 벗어나기를 꺼리고, 변화에 대한 불확실성으로 인해 저항할 수 있다. 이러한 저항을 극복하기 위해서는 몇 가지 전략이 필요하다. 첫째, 변화를 예고하고, 왜 변화가 필요한지 명확하게 설명해야 한다. 변화의 필요성과 목표를 이해하면 저항이 줄어들 수 있다. 둘째, 변화 과정에 사람들을 참여시키고, 그들의 의견을 반영하여 변화에 대한 주인의식을 갖게 하는 것이 중요하다. 셋째, 변화의 긍정적인 결과를 강조하고, 변화가 가져올 혜택을 구체적으로 제시해야 한다.

변화 관리를 위한 단계별 접근법

변화를 효과적으로 관리하기 위해서는 단계별 접근법이 필요하다. 변화 관리의 첫 번째 단계는 상황 분석이다. 현재 상황을 정확히 파악하고, 변화가 필요한 이유와 목표를 설정한다. 두 번째 단계는 계획 수립이다. 변화의 구체적인 실행 계획을 세우고, 이를 단계별로 나누어 실행한다. 세 번째 단계는 실행이다. 계획에 따라 변화를 실행하며, 이 과정에서 발생할 수 있는 문제를 신속히 해결한다. 네 번째 단계는 평가와 피드백이다. 변화의 결과를 평가하고, 피드백을 통해 개선할 점을 찾아 지속적으로 발전시킨다.

성공적인 혁신 사례 분석

혁신은 많은 성공적인 조직에서 중요한 역할을 하고 있다. 예를 들어, 애플은 지속적인 혁신을 통해 세계적인 기술 기업으로 성장했다. 애플은 기존의 제품과 서비스를 지속적으로 개선하면서도, 완전히 새로운 제품을 개발하여 시장을 선도했다. 아이폰, 아이패드, 애플 워치 등의 제품은 모두 기존 시장에 혁신적인 변화를 불러왔다.

또 다른 사례로는 테슬라를 들 수 있다. 테슬라는 전기차 시장에서의 혁신을 통해 자동차 산업의 패러다임을 바꾸었다. 테슬라는 전기차의 성능과 디자인을 혁신적으로 개선하여 소비자들에게 새로운 선택지를 제공했다. 또한, 자율 주행 기술과 배터리 기술에서도 지속적인 혁신을 이루어냈다.

혁신을 촉진하는 조직 문화 조성

혁신을 지속하기 위해서는 조직 문화가 매우 중요하다. 혁신을 촉진하는 조직 문화는 열린 사고와 도전을 장려하며, 실패를 두려워하지 않고 새로운 시도를 존중하는 환경을 조성한다. 이를 위해서는 다음과 같은 요소들이 필요하다. 첫째, 의사소통의 개방성과 투명성을 유지하여 모든 구성원이 자유롭게 아이디어를 제시할 수 있도록 한다. 둘째, 창의성과 자율성을 존중하고, 구성원들이 독립적으로 문제를 해결할 수 있는 환경을 제공한다. 셋째, 실패를 학습의 기회로 삼고, 실패에 대한 두려움을 없애기 위해 실패에 관대한 문화를 조성한다.

변화와 혁신은 현대 사회에서 성공하기 위한 필수 요소다. 변화하는 환경에 적응하고, 지속적으로 혁신을 이루기 위해서는 변화를 관리하는 능력과 혁신을 촉진하는 조직 문화를 갖추는 것이 중요하다. 변화에 대한 저항을 극복하고, 단계별 접근법을 통해 변화를 효과적으로 관리하며, 성공적인 혁신 사례를 통해 배운 점을 적용하는 것이 필요하다.

이를 실천하기 위해 다음과 같은 방안을 고려해 볼 수 있다.

1. 변화의 필요성과 목표를 명확히 설명 : 변화를 예고하고, 왜 변화가 필요한지 명확하게 설명하여 저항을 줄인다.

2. 참여와 주인의식 : 변화 과정에 구성원들을 참여시키고, 그들의 의견을 반영하여 주인의식을 갖게 한다.

3. 단계별 접근법 : 상황 분석, 계획 수립, 실행, 평가와 피드백의 단계
   를 거쳐 변화를 효과적으로 관리한다.
4. 혁신적인 조직 문화 조성 : 열린 사고와 도전을 장려하고, 실패를
   학습의 기회로 삼아 혁신을 지속적으로 촉진한다.

이러한 실천 방안을 통해 독자들은 변화에 효과적으로 적응하고, 지
속적인 혁신을 이루어낼 수 있을 것이다.

지속 가능한 성공을
위한 비전을 세워라

현대 사회에서는 단기적인 성과에 집중하는 것만으로는 충분하지 않다. 환경 보호, 사회적 책임, 경제적 지속 가능성을 고려하는 것이 중요하다. 이는 기업과 개인 모두에게 해당하는 사항이다. 지속 가능한 성공은 이러한 세 가지 요소가 조화를 이루는 것을 의미한다. 즉, 환경을 보호하면서도 사회적 책임을 다하고, 경제적으로도 지속 가능한 성장을 이루는 것이다.

지속 가능한 성공을 위해서는 명확한 비전이 필요하다. 비전은 조직이나 개인이 장기적으로 추구하는 목표와 방향성을 제시한다. 이를 통해 지속 가능한 성장을 위한 구체적인 전략과 행동 계획을 수립할 수 있다. 지속 가능한 비전을 설정하고, 이를 실천하는 방법에 대해 살펴본다.

비전 설정 과정과 방법론

비전을 설정하는 과정은 조직이나 개인의 가치와 목표를 명확히 하는 것에서 시작된다. 비전은 장기적인 관점에서 설정되어야 하며, 구체적이고 실현할 수 있는 목표를 포함해야 한다. 비전을 설정할 때는 다음과 같은 단계를 거칠 수 있다.

1. 현재 상황 분석 : 현재의 환경, 자원, 강점과 약점을 파악한다.
2. 미래 예측 : 향후 트렌드와 변화를 예측하고, 이를 바탕으로 미래의 모습을 상상한다.
3. 핵심 가치와 목표 설정 : 조직이나 개인의 핵심 가치를 반영하여 장기적인 목표를 설정한다.
4. 구체적인 비전 진술 작성 : 명확하고 구체적인 비전 진술을 작성하여 모든 구성원이 이해할 수 있도록 한다.

지속 가능성을 고려한 전략적 계획 수립

비전이 설정되면, 이를 실현하기 위한 전략적 계획을 수립해야 한다. 지속 가능성을 고려한 전략적 계획은 환경 보호, 사회적 책임, 경제적 성장을 동시에 추구하는 것을 목표로 한다. 이를 위해 다음과 같은 요소들을 포함할 수 있다.

1. 환경 보호 전략 : 에너지 효율성 향상, 재생 가능 자원 사용, 폐기물 최소화 등의 구체적인 방안을 포함한다.
2. 사회적 책임 강화 : 공정 노동, 지역 사회 기여, 인권 존중 등의 사회적 책임을 다하는 방안을 마련한다.
3. 경제적 지속 가능성 확보 : 장기적인 성장을 위한 혁신, 효율성 증대, 재무 건전성 강화 등의 경제적 목표를 설정한다.

지속 가능한 비전의 실천 방안

비전과 전략이 수립되면 이를 실행에 옮기는 것이 중요하다. 지속 가능한 비전을 실현하기 위한 실천 방안으로는 다음과 같은 것들이 있다.

1. 구체적인 목표 설정 : 비전을 실현하기 위한 단기적, 중기적, 장기적 목표를 설정한다.
2. 행동 계획 수립 : 각 목표를 달성하기 위한 구체적인 행동 계획을 세운다.
3. 책임 분담 : 각 목표와 행동 계획에 대한 책임을 명확히 하고, 이를 담당할 사람이나 팀을 지정한다.
4. 자원 배분 : 필요한 자원(인력, 자금, 시간 등)을 적절히 배분하여 계획을 실행한다.

성과 평가와 지속적인 개선

비전과 전략이 실행되면, 주기적으로 성과를 평가하고 개선점을 찾아야 한다. 이를 위해 다음과 같은 방법을 활용할 수 있다.

1. 성과 지표 설정 : 비전 실현을 평가할 수 있는 구체적인 성과 지표(KPI)를 설정한다.
2. 정기적 평가 : 주기적으로 성과를 평가하고, 목표 달성 여부를 확인한다.
3. 피드백 수집 : 구성원들로부터 피드백을 수집하여 개선점을 찾는다.
4. 지속적 개선 : 평가 결과와 피드백을 바탕으로 계획을 수정하고, 지속적으로 개선해 나간다.

지속 가능한 성공을 이루기 위해서는 환경, 사회적 책임, 경제적 지속 가능성을 고려한 비전 설정이 필수적이다. 이를 위해 현재 상황을 분석하고, 장기적인 목표를 설정하며, 지속 가능성을 반영한 전략적 계획을 수립해야 한다. 구체적인 목표와 행동 계획을 통해 비전을 실천하고, 주기적인 성과 평가와 개선 과정을 통해 지속적인 성장을 이루어야 한다.

인공지능과 인간은
어떻게 공존할까?

인공지능(AI)은 21세기의 가장 혁신적인 기술 중 하나로 꼽힌다. AI 기술은 빠른 속도로 발전하고 있으며, 이는 우리의 생활과 일하는 방식을 크게 변화시키고 있다. 현재 AI는 의료, 금융, 제조, 서비스 등 다양한 분야에서 활용되고 있다. 예를 들어, 의료 분야에서는 AI가 환자의 데이터를 분석하여 질병을 진단하고 치료 계획을 세우는 데 도움을 준다. 금융 분야에서는 AI가 시장 데이터를 분석하여 투자 결정을 지원한다.

미래에는 AI 기술이 더욱 발전하여 우리의 삶에 더 깊숙이 들어올 것이다. 자율 주행 자동차, 스마트 시티, 맞춤형 교육 등 AI가 적용될 수 있는 분야는 무궁무진하다. 이러한 변화 속에서 인간과 AI의 역할 분담이 중요해진다. 인간은 창의적이고 감성적인 작업을 맡고, AI는 데이터 분석과 반복적인 작업을 담당하게 될 것이다.

인공지능의 윤리적 문제와 해결 방안

AI 기술이 발전하면서 다양한 윤리적 문제가 제기되고 있다. 예를 들어, AI의 결정 과정에서 편향된 데이터가 사용될 때 공정성을 해칠 수 있다. 또한, AI가 사람의 일자리를 대체하면서 실업 문제가 발생할 수 있다. 이러한 윤리적 문제를 해결하기 위해서는 몇 가지 접근법이 필요하다.

첫째, AI 개발 과정에서 투명성과 공정성을 유지해야 한다. 데이터의 편향을 최소화하고, 다양한 집단을 고려한 데이터를 사용하여 AI를 학습시켜야 한다. 둘째, AI의 결정 과정과 결과를 설명할 수 있는 '설명 가능한 AI(Explainable AI)'를 개발하여 사용자들이 AI의 결정을 이해하고 신뢰할 수 있도록 해야 한다. 셋째, AI로 인해 발생할 수 있는 사회적 영향을 예측하고, 이에 대한 대응 방안을 마련해야 한다.

인공지능의 책임 있는 사용

AI를 책임 있게 사용하는 것은 매우 중요하다. 이를 위해서는 AI 기술을 개발하고 사용하는 데 있어서 윤리적 가이드라인을 마련해야 한다. 예를 들어, 유럽연합(EU)은 '신뢰할 수 있는 AI'를 위한 가이드라인을 제시하여 투명성, 책임성, 공정성을 강조하고 있다. 기업과 연구기관은 이러한 가이드라인을 준수하여 AI를 개발하고 활용해야 한다. 또한, AI가 인간의 권리를 침해하지 않도록 주의해야 하며, AI의 사용으로 인한 부작용을 최소화하는 노력이 필요하다.

인공지능과 인간의 협업 사례

AI와 인간이 협력하여 성과를 높인 사례는 이미 여러 분야에서 찾아볼 수 있다. 예를 들어, IBM의 AI인 왓슨(Watson)은 의료 분야에서 의사와 협력하여 환자의 진단과 치료를 돕는다. 왓슨은 방대한 의료 데이터를 분석하여 최적의 치료 방안을 제시하고, 의사는 이를 바탕으로 최종 결정을 내린다. 이를 통해 진단의 정확성과 치료의 효과를 높일 수 있다.

또 다른 사례로는 AI가 고객 서비스 분야에서 사람과 협력하여 효율성을 높이는 경우가 있다. 챗봇(Chatbot)은 24시간 고객 문의를 처리할 수 있으며, 반복적이고 간단한 질문에 대한 답변을 제공한다. 복잡한 문제나 특별한 요청은 인간 상담원이 처리한다. 이를 통해 고객 서비스의 질을 높이고, 상담원의 업무 부담을 줄일 수 있다.

인공지능 활용을 통한 업무 효율화

AI는 업무 효율화를 위해 다양한 방식으로 활용될 수 있다. 예를 들어, 제조업에서는 AI가 생산 공정을 모니터링하고 최적화하여 생산성을 높일 수 있다. AI는 실시간 데이터를 분석하여 기계의 이상 상태를 감지하고, 문제를 예방할 수 있다. 또한, 물류 분야에서는 AI가 최적의 경로를 계산하여 배송 시간을 단축하고 비용을 절감할 수 있다.

사무 업무에서도 AI는 큰 도움이 된다. 문서 작성, 데이터 분석, 일정 관리 등 반복적이고 시간이 오래 걸리는 작업을 AI가 처리할 수 있다. 이를 통해 직원들은 더 창의적이고 전략적인 업무에 집중할 수 있다. 예를 들어, AI 기반의 문서 작성 도구는 사용자가 필요한 정보를 빠르게 찾아서 문서에 반영할 수 있게 해준다.

인공지능과 인간이 공존하며 협력하는 것은 미래 사회에서 중요한 과제다. AI 기술의 발전은 우리에게 많은 기회를 제공하지만, 동시에 윤리적 문제와 사회적 도전에 대한 해결책을 마련해야 한다. AI와 인간의 역할을 분담하고, AI를 책임 있게 사용하는 것이 중요하다.

이를 실천하기 위해 다음과 같은 방안을 고려할 수 있다.

1. 투명성과 공정성을 유지 : AI 개발 과정에서 투명성과 공정성을 유지하고, 편향된 데이터를 최소화한다.
2. 설명 가능한 AI 개발 : AI의 결정 과정을 설명할 수 있는 기술을 개발하여 사용자들이 AI를 이해하고 신뢰할 수 있도록 한다.
3. 사회적 영향 예측과 대응 : AI가 사회에 미칠 영향을 예측하고, 이에 대한 대응 방안을 마련한다.
4. 윤리적 가이드라인 준수 : AI를 개발하고 사용하는 데 있어 윤리적 가이드라인을 준수하고, 책임 있게 AI를 활용한다.
5. 협력과 효율화 : AI와 인간이 협력하여 성과를 높일 방안을 모색하고, AI를 활용하여 업무 효율성을 높인다.

이러한 실천 방안을 통해 독자들은 인공지능과 인간의 공존을 도모하며, 더 나은 미래를 위해 준비를 할 수 있을 것이다.

빠르게 변하는
기술 변화에 대응해라

현대 사회는 기술 혁신의 속도가 매우 빠르다. 매년 새로운 기술이 등장하고 기존 기술이 급속도로 발전하면서 우리의 생활 방식과 산업 구조를 변화시키고 있다. 이러한 기술 혁신은 산업과 사회에 큰 영향을 미친다. 예를 들어, 스마트폰의 발전은 우리의 의사소통 방식을 혁신적으로 바꿨고, 인공지능과 자동화 기술은 생산성과 효율성을 크게 향상했다.

기술 변화는 기회를 제공하는 동시에 도전 과제도 안겨준다. 새로운 기술을 빠르게 도입하고 활용할 수 있는 능력을 갖춘 기업과 개인은 경쟁 우위를 확보할 수 있지만, 그렇지 못한 경우 뒤처질 위험이 있다. 따라서 기술 변화에 대한 대응 능력을 갖추는 것이 매우 중요하다.

최신 기술 동향 파악 방법

기술 변화에 효과적으로 대응하기 위해서는 최신 기술 동향을 지속적으로 파악하는 것이 필수적이다. 이를 위해 다음과 같은 방법을 활용할 수 있다.

1. 전문 저널과 기술 블로그 구독 : 최신 기술 트렌드를 다루는 저널과 블로그를 정기적으로 읽으며 최신 정보를 습득한다.
2. 기술 컨퍼런스와 세미나 참석 : 기술 관련 행사를 통해 전문가들의 강연을 듣고 최신 기술 동향을 파악한다.
3. 네트워킹과 커뮤니티 참여 : 기술 분야의 전문가들과 교류하며 정보를 교환하고, 관련 커뮤니티에 참여하여 최신 정보를 공유한다.
4. 온라인 교육 플랫폼 활용 : K-MOOC, EBS 이러닝, 인프런, 패스트캠퍼스, 코드잇, 드림코딩 등 다양한 플랫폼을 활용하여 최신 기술을 학습하고, 변화하는 기술 환경에 효과적으로 대응할 수 있다.

기술 변화에 대한 유연한 대응 전략

기술 변화에 유연하게 대응하기 위해서는 다음과 같은 전략을 고려할 수 있다.

1. 조직 내 혁신 문화 조성 : 조직 내에서 새로운 아이디어와 기술 도입을 장려하는 문화를 조성한다. 이를 위해 실험과 실패를 허용하

고, 창의적인 문제 해결을 장려한다.

2. 적응력 있는 조직 구조 : 변화에 빠르게 대응할 수 있는 유연한 조직 구조를 갖춘다. 필요할 때 빠르게 재편할 수 있는 팀 구성을 유지한다.

3. 지속적인 학습과 역량 강화 : 직원들이 새로운 기술을 배우고 발전시킬 수 있도록 지속적인 교육과 훈련을 제공한다.

4. 파트너십과 협력 강화 : 기술 혁신을 위해 외부 기관, 스타트업, 학계와의 협력을 강화하여 최신 기술을 빠르게 도입한다.

성공적인 기술 혁신 사례 분석

기술 혁신의 성공적인 사례는 다양한 산업에서 찾아볼 수 있다. 여기 몇 가지 사례를 소개한다.

1. 아마존의 클라우드 컴퓨팅 : 아마존 웹 서비스(AWS)는 클라우드 컴퓨팅 분야에서 선두 주자로, 이를 통해 기업들은 대규모 데이터를 효율적으로 관리하고, IT 인프라 비용을 절감할 수 있다. AWS는 많은 기업들이 디지털 전환을 성공적으로 이루는 데 크게 이바지했다.

2. 테슬라의 전기차 : 테슬라는 전기차와 자율 주행 기술을 혁신적으로 발전시켜 자동차 산업에 큰 변화를 불러왔다. 테슬라의 기술 혁신은 전기차 시장을 확대하고, 지속 가능한 교통수단에 관한 관심

을 높였다.

3. 구글의 인공지능 : 구글의 인공지능 기술은 검색 엔진, 번역, 자율 주행, 스마트 어시스턴트 등 다양한 분야에서 혁신을 이루었다. 구글의 AI 기술은 우리의 일상생활을 더욱 편리하고 효율적으로 만들어주고 있다.

기술 변화에 따른 새로운 기회 모색

기술 변화는 새로운 기회를 제공한다. 이를 잘 활용하면 성장과 발전의 기회를 잡을 수 있다. 다음과 같은 방안을 고려할 수 있다.

1. 신기술 도입을 통한 비즈니스 모델 혁신 : 새로운 기술을 도입하여 기존 비즈니스 모델을 혁신하고, 새로운 시장을 개척한다.
2. 기술 기반의 제품 및 서비스 개발 : 최신 기술을 활용한 새로운 제품과 서비스를 개발하여 경쟁력을 강화한다.
3. 데이터 분석을 통한 인사이트 도출 : 빅데이터와 AI 기술을 활용하여 고객의 행동을 분석하고, 이를 바탕으로 맞춤형 서비스를 제공한다.
4. 글로벌 시장 진출 : 기술 혁신을 통해 글로벌 시장에 진출하고, 해외 고객을 대상으로 한 비즈니스를 확대한다.

빠르게 변하는 기술 변화에 대응하는 것은 현대 사회에서 필수적인 과제다. 기술 혁신이 산업과 사회에 미치는 영향을 이해하고, 이에 유연하게 대응할 수 있는 전략을 마련하는 것이 중요하다. 최신 기술 동향을 파악하고, 혁신 문화를 조성하며, 지속적인 학습과 협력을 통해 기술 변화에 효과적으로 대응할 수 있다.

이를 실천하기 위해 다음과 같은 방안을 고려할 수 있다.

1. 최신 기술 동향 지속적으로 파악 : 전문 저널, 블로그, 컨퍼런스 등을 통해 최신 기술 정보를 지속적으로 습득한다.

2. 유연한 대응 전략 수립 : 조직 내 혁신 문화를 조성하고, 유연한 조직 구조를 유지하며, 지속적인 학습과 역량 강화를 추진한다.
3. 성공적인 기술 혁신 사례 분석 : 다양한 산업에서의 성공적인 기술 혁신 사례를 분석하고, 이를 바탕으로 새로운 기회를 모색한다.
4. 기술 기반의 성장 전략 마련 : 신기술 도입을 통한 비즈니스 모델 혁신, 제품 및 서비스 개발, 데이터 분석을 통한 인사이트 도출, 글로벌 시장 진출 등을 추진한다.

이러한 실천 방안을 통해 독자들은 기술 변화에 효과적으로 대응하고, 지속 가능한 성장을 이룰 수 있을 것이다.

생각이 달라지면 인생도 달라진다
성공하는 사람은 생각부터 다르게 한다

초판 1쇄 인쇄 2024년 8월 25일
초판 1쇄 발행 2024년 8월 30일

지은이 이성복
펴낸이 백광석
펴낸곳 다온길

출판등록 2018년 10월 23일 제2018-000064호
전자우편 baik73@gmail.com

ISBN 979-11-6508-601-5 (13320)